重度知的障がい者の
ここちよい時間と空間を創る

# スヌーズレンの世界

ヤン・フルセッヘ／アド・フェアフール 著

姉崎 弘 監訳

福村出版

© Jan Hulsegge en Ad Verheul, Ede, 1987
Snoezelen, another world

## 日本語版の序文

スヌーズレンの発想は過去40年以上にわたり，世界的現象として発展してきました。Googleで，"Snoezelen"を検索すれば，26か国語で30万件以上がヒットします。

私の同僚であるヤン・フルセッヘと私が1974年に，オランダのエデにあるハルテンベルグセンターでスヌーズレンの第一歩を踏み出した時，私たちはこのようにシンプルな活動が世界的に知られる現象になるだろうとはまったく想像もしていませんでした。

私たちは重度知的障がいのある人々の「受身的世界」，一日中ベッドで横たわっている以外ほとんど何事も起きない世界を見て，気付かされました。このような人々の「生活」エリアは，非常に重い障がいのある人々すべてにとって，まったく刺激がない病院のような環境でした。私たちは，この受身の世界をもっと面白くする簡単な解決策を探すことからスタートしました。こうして，重度の知的障がいのある人々のために初めてのスヌーズレンが考え出されました。

1980年代の初めに，別のグループがスヌーズレンに興味を持ち始めました。この歩みは，特に認知症の高齢者のための24時間介護施設で加速的に発展しました。現在では，知的障がいや認知症の人々におけるスヌーズレンの効果に関する多くの科学的研究が世界中で行われています。結果は非常に良く，特に一般的に見られる行動が極端に減少しています。患者が周りの環境に関心を持つようになり，居住者とスタッフとの間のコミュニケーションが増え，攻撃的な行動が減る傾向が見られていることから，より薬物療法によらない方法がとられています。

非常に重い精神障がいのある人々の生活に用いられるスヌーズレンは，この標的集団に対しての日々の活動（作業療法）を発展的に行うようにスタッフを勇気付けます。このことは人間の可能性に関する専門家の見解を変えました。

また，スヌーズレンが，日常のプログラムの中に溶け込んだ活動として採用されている部門における職員の病気は，他の部門よりも大幅に少なくなり，職員の仕事に対する満足度がより高い傾向にある，という予期しないプラスの効果を示す発見がありました。

　多くの国々において，知的障がいや認知症になっている人々のためのケアセンターでは，スヌーズレンが毎日のケアの自然な構成要素として完全に溶け込んでいます。

　およそ 40 か国で，ほぼ 18 の大学も参加して行われている科学的研究が国際的な力強い協力の下で進められています。インターネットと ISNA - MSE（国際スヌーズレン協会／多重感覚環境）の年次国際会議の会合で交わされる研究成果は，非常に多くのケア提供者とその他の専門家にスヌーズレンへの熱い思いを強くする要因となっています。

　本書は，さらに深い知識を得ようとしているすべての人々にとって，1 つの指針となるものであり，また日々の実践の中にスヌーズレンを取り入れるためのガイドラインです。本書はスヌーズレンの活動における理論的な根拠を示していますが，また多くの実践的な情報も掲載しています。本書の初版は 1986 年にオランダで出版されましたが，現在に至っても，スヌーズレンの卓越した基本的著作として認められています。

　この度，姉崎弘教授が中心となって，*SNOEZELEN ANOTHER WORLD* を日本語版に翻訳していただき，日本語の中にスヌーズレンという言葉と認識を広めていただいたことに感謝を申し上げます。このことは必ずや，知的障がいや認知症の人々に対する日本のケアの中で，スヌーズレンが発展していくための絶好の機会を提供することになるでしょう。

　本書の出版に続き，日本での国際スヌーズレン協会，ISNA-MSE の会議のいずれかで，または期間中にお会いできることを願っております。

オランダ，エデにて

2013 年 11 月

アド・フェアフール

スヌーズレン共同創始者

## 監訳者まえがき

　本書は，1986年にオランダで刊行された *SNOEZELEN EEN ANDERE WERELD*（Jan Hulsegge & Ad Verheul, Uitgeverij Intro, Nijkerk）の英語版 *SNOEZELEN ANOTHER WORLD*（1987）の全訳である。この度，日本語版である本書，『重度知的障がい者のここちよい時間と空間を創る　スヌーズレンの世界』（ヤン・フルセッヘ／アド・フェアフール共著）を出版できることは，わが国の福祉・医療・教育等の関係者にとって大きな喜びであると信じている。
　わが国では，1990年代以降，日本スヌーズレン協会や全日本スヌーズレン研究会などの団体が組織され，スヌーズレンの理念や概念などを紹介してきている。しかしながら，これまで創始者が初めて著した世界最初のスヌーズレンの著作 *SNOEZELEN EEN ANDERE WERELD* が日本語に翻訳されてこなかったことから，創始者たちの思想と実践が，部分的にしか伝えられていないのではないかと懸念される。その意味で，本書はスヌーズレンの原点を正しく理解する上で貴重な文献であり，今後のわが国の福祉・医療・教育等の発展に大いに資すると考えられる。ここに本書を出版する意義がある。これまでわが国のスヌーズレンの専門書，あるいは学術書と呼べるものは，河本佳子氏の『スウェーデンのスヌーズレン』（新評論）とクリスタ・マーテンス博士の『スヌーズレンの基礎理論と実際』（訳書，大学教育出版）の2冊くらいである。今回本書を出版することは，これまでのわが国におけるスヌーズレンの理論や実践を検証する上で貴重であり，学術的にも価値があると考えられる。
　原著が出版されて約30年経つがスヌーズレンは決して過去の遺物ではなく，現代のストレス社会に生きる子どもたちや大人のためのリラクゼーションや心の癒しを促すオアシスであり，さらに生活の質を高める取り組みとしても世界的に評価されてきたことから，今日のわが国の病者や障がい者などさまざまな人々の課題に応える新たなアプローチとして注目されている。

スヌーズレンは1970年代の中頃から重度知的障がい者に対して始められた比較的新しい活動である。対象はそれにとどまらず，本書では認知症者への適用などについても，スヌーズレンの創始者である著者は言及している。当時は，重度知的障がい者が楽しめる活動は皆無と言ってもよいような時代であった。そしてスヌーズレンの実践を通じて，特に，リラクゼーションや安らぎをもたらすことをとても重要視しており，また利用者と介助者との温かい人間関係づくりを大切にしている。私はこれまで国際スヌーズレン会議で何度か，大変温厚で優しいお人柄の2人の著者に，親しく接する機会に恵まれた。その心温かなおもてなしに深く感銘を受けた次第である。

　2人の著者は，本書の中で，人間の持つ感覚である五感の重要性の説明から始まり，スヌーズレンの歴史や基本的な考え方，スヌーズレンの実践を行う上でのさまざまな有益な知見，特にスヌーズレンルームの設置の仕方や実践，器材や用具の紹介，さらにその使用方法や作り方に至るまで，自分たちの貴重な体験やその失敗の教訓に基づいて，私たちへの適切なアドバイスも含めてわかりやすく詳述している。本書は，スヌーズレンの原点となる創始者たちの基本的な考え方を理解する上で，またこれからスヌーズレンを学び実践しようとする人びとにとっても，最適な手引書といえるだろう。

　本書の訳出は，「はじめに」から第3章『触覚の部屋』までを2011年度及び2012年度三重大学大学院教育学研究科特別支援教育専修の院生たち，正井千晶，水野勉，桝本大輔，北村京子，川﨑詠美子，前川賢一の6名が下訳を担当した。第3章『聴覚の部屋』「ヘッドフォンとその代替手段の活用」から「フットチャイム」までを三重県伊勢市御薗小学校教諭の田村伊津子が，第3章『視覚の部屋』から『特に注意すべき点』及び第4章を独立行政法人国立特別支援教育総合研究所主任研究員の大崎博史がそれぞれ訳を担当した。「日本語版の序文」「目次」，第3章『聴覚の部屋』「概要」から「ヘッドフォン」，第5章，「参考文献」「著者紹介」を監訳者の姉崎弘が訳を担当した。また第6章から「おわりに」を三重県津市一志中学校教諭の正井千晶が訳を担当した。これらの下訳と訳を担当してくれた各氏に心からお礼を申し上げる。最後に，監訳者の姉崎弘は，各担当者の下訳と訳を何度も原文と丁寧に照合を行って見直し，適切な訳に修正を加えるとともに，「監訳者ま

# 監訳者まえがき

えがき」と「『重度知的障がい者のここちよい時間と空間を創る スヌーズレンの世界』の解題」の執筆を行った。訳出にあたっては，特に，英語学の専門家である大和大学教育学部の中田康行教授並びに英文に造詣の深いチャールズ・エドワード・スクラグス，柳川優子ご夫妻に適切な助言と多くの支援をいただいた。心から感謝を申し上げたい。

そして，著者代表のアド・フェアフールは，本書の出版を快く承諾してくれただけではなく，解題を執筆するに際しても，私の数々の疑問にメールで丁寧な回答を寄せてくれた。その誠実な人柄に心から感謝を申し上げる。

思えば，翻訳作業を2011年4月に三重大学教育学研究科の院生たちと始め，遅々として進まなかったが，4年の歳月を経てようやくここに翻訳を完成し，出版の運びとなったことに感極まる思いである。この間，大学内外の多くの仕事を抱え，突然の親の介護も重なり，一時体調を崩したこともあった。そのため翻訳を断念しかけたことも正直あった。そうした私を陰で妻の恭子がいつも見守り支え続けてくれた。本書の出版は妻の助力によるところが大である。妻に心から感謝する。

また監訳者として，原著に即してスヌーズレンの創始者たちが伝えたかった思いや意図をできるだけ忠実に訳文に反映するように努めたが，思わぬ誤訳や十分に意を尽くせなかった箇所があるのではないかと懸念している。この点は，すべて監訳者の責任であるが，読者にご指摘，ご叱正をいただきたくお願いする次第である。

なお，今日スヌーズレンに関して用具の販売やスヌーズレンルームのデザインなどが商業的に行われているが，創始者のヤンとアドはいかなる企業や商業利益から独立しており，一切関係をもっていない。

最後に，本訳書の出版に際して，福村出版の宮下基幸常務取締役と編集部の小川史乃さんには，何度もご面倒をおかけしながらも，適切なご配慮とご支援をいただいた。ここに心から感謝を申し上げる次第である。

2015年4月30日

監訳者　姉崎　弘

まえがき

　何年もの間，人々から受けてきたスヌーズレンに関するあらゆる質問に答えようと思い，本書を執筆することにした。ハルテンベルグの知的障がい者センターでの勤務経験中，私たちはスヌーズレンの発展過程のすべてを目の当たりにしてきた。7年間以上もの間，スヌーズレンは特に重度知的障がいのある人向けの活動として発展してきた。
　私たちが人々から受けた質問の中でまず一番多かったのは，実践をする上での本質的な事柄に関するものであった。スヌーズレンルームの設計や，器材の選定・使用については，特に多くの質問を受けている。そして後には，スヌーズレンの哲学や理論的な背景，さらにはスヌーズレンルームを訪れる重度知的障がい者の反応についての質問もあった。
　ここで，障がいの程度が問題になる時に「知的障がい者のケア」という言葉の用法について触れておきたい。知的障がい者，児童，生徒，子ども，入所者，ハウスメイト，利用者など，さまざまな用語がある。これらは皆，知的障がい者のケア施設でよく使われる言葉である。今日，「入所者」という用語は，施設やセンターで暮らしている知的障がい者を指す言葉として最もよく使われている。「利用者」は，一般に，デイケア・センターやそれに類似した施設に通ってくる人たちに使われている。しかし本書では，スヌーズレンルームで活動をしている人を一般に「利用者」と呼ぶことにする。語用論の混乱を防ぐために，最初はできるだけ重度知的障がい者という言葉を使うように努める。
　スヌーズレンがきわめて有意義な活動であるのは，何も重度知的障がい者に限ったことではない。より広範囲の人々にも有効なものである。重度知的障がい者のための特別な活動として，知的障がい者のケアにおいてまったく新しい一分野を占めることになった。しかし知的障がい者の分野以外においてもまた，ハルテンベルグから刊行されたスヌーズレンに関する2つのレポートを受けて，認知症患者のケアや精神医学の分野からも大きな関心が寄

せられている。

　本書の内容をどのように実践に応用するかは、読者の自由な判断に委ねたいという思いで執筆した。知的障がい者や認知症患者のケア、さらには精神医学にも適用できるような、役立つ実践的な提案を織り込んだつもりである。

　本書がすぐに有用と思われるのは、施設職員、看護師、セラピスト、教育・心理関係機関の職員など、障がいのある人や精神疾患の患者のケアに、直接間接を問わず関わるすべての人々である。

　本書では、本来の趣旨からは外れるが、明確な理論的枠組みも取り上げた。筆者の見方では、レッテルを張ることなく、スヌーズレンを読者自身の置かれたそれぞれの立場からとらえることができるようになるために必要と考えるからである。いろいろな職業訓練機関、たとえば、さまざまな専門職のための中等高等職業訓練学校から多くの問い合わせを受けているので、本書も有用であると考えている。

　本書では、重度知的障がい児の親、認知症や他の精神疾患の患者の親戚に、スヌーズレンとはどういうものかということをできるだけはっきり示し、ためらいやタブーをなくす一助になればと思う。本書の執筆の契機は、重度知的障がい者に対する筆者の経験からであるが、スヌーズレンは知的障がいのない人にも魅力的な活動であると私たちは確信している。本書は、ただ筆者の個人的な経験の報告に止まらず、スヌーズレンとその実践に従事する人々や、これから従事することを志す人々へのマニュアルでもある。「マニュアル」という言葉を使ったからといって、どんな意見も実践方法も、まったくこの通りにするべきであるというつもりはない。スヌーズレンに現在、もしくはこれから関わる人は皆、他の人たちによって（スヌーズレンについて）書かれたあらゆるものと自分自身への批判的な考え方を受け入れなければならない。

　本書を世に出すにあたって手助けしてくださったすべての方々に感謝の念を申し上げたいと思う。話し合いを重ね、1つひとつの質問に答えてきた結果、より多くのものを学んできたのはむしろ筆者たちの方だと言ってよい。重度知的障がいのある人々と接するにあたってさまざまな意見を聞き、指導

の方法論を議論することが，大きな刺激と情報の源であると判明した。これらの対話から得た筆者の経験は本書の基礎をなしている。筆者は親たちのスヌーズレンの発展への貢献についても言及しておきたい。特に，オランダのエデにあるハルテンベルグセンターの入所者の親たちである。親自身の持つ特有の角度から見た重要な情報を私たちに提供してくれた。筆者は直接関与した同僚たちにも特に感謝の思いを捧げたい。7年間以上にわたって，彼らは筆者とともにスヌーズレンと共に生き抜き，それを今ある形にしてくれた。最後に，ハルテンベルグセンターの管理部門の方々に感謝の言葉を一言述べたい。彼らは，スヌーズレンルームが今ある形に実現できるよう必要な経済的援助を惜しみなく提供し，筆者の考えを進んで取り入れ賞賛してくれた。

1986年4月

エデにて

# 目次

日本語版の序文 *3*
監訳者まえがき *5*
まえがき *9*

## はじめに *19*

## 第1章　人間と環境 *25*

はじめに *25*
五感と知覚 *27*

## 第2章　スヌーズレン，知的障がい者ケアにおいて発展した活動 *31*

はじめに *31*
オランダにおける知的障がい者ケアの歴史 *32*
新たなる知的障がい者観とケア *34*
知的障がい者ケアの1つの活動としてのスヌーズレン *38*
　これまでの経緯を振り返って *38*
他の対象者への広がり *41*
　はじめに *41*

認知症者のケア　42

　　精神医学　46

# 第3章　日々の実践におけるスヌーズレン　48

はじめに　48
**好ましい環境要因　51**
　　a. 場面の適切な雰囲気　51
　　b. 活動の選択の機会　53
　　c. 自身のペースを定める機会　53
　　d. 適切な時間設定　54
　　e. 反復する　55
　　f. 刺激の選択的提供　55
　　g. 適切な基本的態度　56
　　h. 適切な監督指導　56
**日常的に実践するスヌーズレン　59**
　　概要　59
　　触覚　60
　　聴覚　60
　　視覚　61
　　味覚と嗅覚　61
**居住型施設内にあるスヌーズレンルーム　62**
　　概要　62
　　段階A　62
　　段階B　63
　　段階C　63
　　段階Aの実際　63
　　段階Bの実際　64

段階Cの実際　66

　　　基本的な要素とは何か？　66

　居住型施設外にある中央スヌーズレンルーム　67

　　　概要　67

　　　賛成意見と反対意見　67

　　　グループの人数　68

　　　人員　69

　　　時間割　70

　　　安全基準　71

　　　施設のメンテナンス〈保守管理〉　72

　　　リモコン操作の使用　73

　触覚の部屋　74

　　　概要　74

　　　柔らかな床　75

　　　ウォーターベッド　76

　　　いろいろな触覚物　78

　　　触覚の箱　79

　　　触覚の壁　81

　　　電子機器と触覚物　83

　　　触覚物の温度と照明効果　83

　　　光で照明された床　84

　　　触る感覚としての温風と冷風　86

　　　通風道〈風の通るトンネル〉　87

　聴覚の部屋　88

　　　概要　88

　　　静かな部屋　90

　　　アンプ〈増幅器〉とスピーカー〈拡声器〉　91

　　　レコード・プレーヤー　93

　　　カセットテープ・デッキまたはカセットテープ・レコーダー　93

　　　ヘッドフォン　94

ヘッドフォンとその代替手段の活用　96

　　　マイクとその使い方　97

　　　反響音装置　100

　　　光と音との組み合わせ　101

　　　光で照明された壁　102

　　　振動する床　105

　　　フットチャイム　107

## 視覚の部屋　113

　　　概要　113

　　　部屋に慣れる　113

　　　映写室　114

　　　いろいろな種類の映写　116

　　　液体の映写　116

　　　映画とスライドの映写　117

　　　ミラーボール　120

　　　バブル・ユニット　120

　　　光ファイバーの明かり　122

　　　ラインライト　122

　　　触覚物または視覚物としてのシャボン玉　124

　　　スヌーズレンルームの中の日光　124

　　　スヌーズレンルームにふさわしい色の選択　125

　　　鏡の使用―鏡ばりの壁　126

## 嗅覚と味覚　127

　　　概要　127

　　　味覚を提供すること　128

　　　触覚素材に匂いを結び付ける　128

　　　嗅覚トレイ　130

　　　どのような匂いを使えるのか？　131

　　　温風や冷風と結び付いた匂い　131

## ボールプール　133

水のオルガン　*136*

スヌーズレンルームとしてのスイミング・プール　*137*

ハルテンベルグセンターでのスヌーズレンルーム　*139*

スヌーズレンの中での音楽とその適用　*142*

 概要　*142*

 テンポ　*144*

 小節　*145*

 リズム　*145*

 メロディー　*145*

 ハーモニー（調和）　*146*

 強弱の変化　*146*

 形式　*146*

 音色　*146*

 選曲の仕方は？　*147*

 ライブ音楽　*148*

 聴覚の部屋での音楽　*149*

特に注意すべき点　*149*

 観察と評価　*149*

 調整　*150*

 財政的な側面　*151*


## 第4章　スヌーズレンでの体験　*153*

はじめに　*153*

利用者（入所者）の反応　*155*

両親の反応　*157*

職員の反応　*158*

## 第5章　スヌーズレンに関する議論 162

はじめに 162
スヌーズレンはリラクゼーションが目的なのか，それともセラピーなのか 163
スヌーズレンにプログラムを適用すべきか？ 164
スヌーズレンの限界 165
スヌーズレンは重荷となるのか？ 166
スヌーズレンは一時的な流行にすぎないのか？ 167
スヌーズレンは超現実的な世界なのか？ 168
スヌーズレンは性的感情を喚起するのか？ 169
スヌーズレンに対する賛成意見と反対意見 170

## 第6章　スヌーズレンの専門家養成 173

## 第7章　自分で作るスヌーズレン用具 175

はじめに 175
触れる教材 176
触覚の板 176
触れるカーテン 178
特別な効果を施した床と壁 178
触覚の箱 179
触覚立方体 180
人形と可愛いオモチャ 180

ネックレス　*181*

音楽の箱　*182*

音響ラック　*183*

鈴付き手袋　*183*

振動する箱　*184*

鏡の壁　*185*

鏡の箱　*186*

ミラーボール　*186*

色の立方体　*187*

モビール　*189*

液体のスライド　*190*
　　何が必要か？　*190*
　　製作の技術　*191*
　　失敗例　*192*
　　別な方法　*192*

香りのチューブ，袋とボトル　*193*

香りのするクッション　*194*

香りを嗅げるポスト　*194*


# おわりに　*195*


　　推薦される楽曲リスト　*196*
　　参考文献　*199*
　　『重度知的障がい者のここちよい時間と空間を創るスヌーズレンの世界』の解題　*203*

# はじめに

　スヌーズレンという言葉は，あまり科学的には聞こえない。公衆衛生の部門では，部外者にはまったくといっていいほど理解できないような知的な響きをもつスローガンが非常に多く目に付くということがよくある。スヌーズレンという用語は，科学的用法でもなく，素人にとって意味のあるものでもないし，あるいは反対に，彼ら（素人）が奇妙な解釈をすることがある。
　しかし，だからといって，何かの科学用語から適当に作り上げたものでもない。スヌーズレンという用語は，オランダ語で「くんくん匂いを嗅ぐ」と「うとうと居眠りをする」に相当する2つの単語から成る，オランダのハーレンダール入所施設（the Haarendael institution）のレクリエーション部に勤務する2人の若い職員[注1]によって作られた言葉である。これらの単語は曖昧で，何ともいえない，ウトウトするような感じを思わせる。
　スヌーズレンは，穏やかな音楽が流れる，ほの暗く魅力的な照明のある部屋で行われる活動である。五感に強く訴えかける。それぞれの感覚は別々に刺激される。スヌーズレンとは的確に何であるかということについて山ほど記述することはできるけれども，言葉やイメージだけでは何が起こるかということを正確に表現することは，ほんの一部分しかできない。究極的には，個人的な体験でしか全体像は得られないのである。
　スヌーズレンはまた，知的障がいのない人にとっても大いに興味深いものでもある。私たちは外界を普段あまりにも理屈っぽく見すぎるので，自らの五感をあらゆる面で十分に活用してはいないということに気が付く。私たちは生育の過程で，また環境によっても，一連のタブーや基準といったものに

自分自身の世界でリラックスしている

 直面させられており，それが私たちを取り巻く外界への不完全な受容を引き起こしている。現実的な例を挙げてみよう。公共の場で靴を脱ぐというのは多くの人たちにとって難しいことである。足の匂いを誰かに気付かれるのではないかと心配するからである。私たちはこの種の社会的ルールに順応することで，暖かい，冷たい，堅い，柔らかいといった，地面の上を裸足で歩いてみる，というたくさんの「歩行」によって感じる感覚を，自ずと拒んでいるということにもなる。
 私たちは，ある用具にはたった1つの機能，つまり本来意図して設計された機能しかないという考えにあまりにも長い間慣らされてきたのかもしれない。たとえば，トランポリンといえば，飛び乗るものである。まず行動が先にあって，利用者は自発的に参加する。では，このトランポリンを別な方法で使ってみよう。用具としてのトランポリンの影は薄れることになる。その同じトランポリンに，入所者がそっと寝転んでみると，その人は「揺れ」を感じ，その感覚を好むか嫌うかのどちらかになる。
 この例でもわかるように，トランポリンはまったくといっていいほど違う

方法で使用されている。ここでは，体を支えるという機能を与えられたのである。これはより受身的な使用法と思われるかもしれないが，その感覚は，トランポリンを本来の目的で使用した時よりも，より深く感じられるかもしれない。しかし，いずれにしても，新しい種の感覚である。

　この発想は，オランダのティルブルグにある知的障がい者センター「Piusoord（ピウソード）」で取り上げられ，議論を重ねてきた。オランダ知的障がい研究会の実践研究協議会で Piusoord がスヌーズレンルームを初めて紹介した。その時からスヌーズレンは，オランダにおいて，知的障がい者ケアの分野における一般的な用語となっている。

　その前年，ハルテンベルグセンターは，いわゆるアクティビティ・テントに取り組んでいた。このテント内では，五感が「選択的」に「ほどよく調整された」方法で刺激されるような，あらゆる種類の活動が行われた。

　一室では，紙吹雪をまいて大型のファンで空中を舞わせるようにしてみたり，別の一室では，オーバーヘッド・プロジェクター（OHP）を使ってみたりした。OHP にはガラス製のボウルを取り付け，インクを垂らした水を入れた。これはまだごく初期の実験段階であった。

　その会議で契約が結ばれたが，実は同様のプログラムが同時に開発されていたということが判明した。残念ながら，今なおその契約に実体はない。筆者はハルテンベルグセンターでサマーフェアの開催を重ねてスヌーズレンの開発を進めてきていた。サマーフェアというのは，入所者[注2]の通常の生活日課を完全に取り止める行事である。その代わりに，10日間ほどの日程で代替のプログラムが行われる。この期間，サーカス，お祭り，ポニーの乗馬体験，ブラスバンドの演奏，サイクリングなどのあらゆる行事が行われ，グラウンドの中央には息抜きやゲーム遊びができるようなテントが設置される。スヌーズレンは，重度知的障がいのある入所者向けの特別な活動として行われた。

　そこで筆者は疑問に直面する。知的障がいとはそもそも何を意味するのだろうか？　知的障がい者もまた，知的障がいのない人と同様にまったく1人ひとり違った存在であるから，一概に定義することは不可能である。しかしとにかく特徴のいくつかを挙げてみよう。知的障がい者は，環境をどう知覚

しているか言葉で話すことはできない。一般論として，知的障がい者は他者の存在をどのように感じ，どのように経験しているのかを言葉で伝えることができないのである。たとえば，表情や身振り，手振りなどのシグナルで何かを伝えようとはする。しかしほとんどすべての知的障がい者は，身体的受容の段階にある。つまり，動く・匂いを嗅ぐ・味わう・見る・聞くということによって経験される感覚で成り立つ世界におり，意味というものはこれらの感覚に与えられるのである。その意味というものは，おそらく快・不快の域を超えないだろう。

　本当の意味での関連付けや構造化の問題とはほど遠いのである。しかし私たち同様，知的障がい者もまた，自ら意味付けし得るような人・物・環境に出会うのである。そこで，知的障がい者は，これらの物に対して私たちが与えるのと同じ意味を与えるのだろうかという問題が生じてくる。これはおそらく永遠に答えの出ない問題として残るだろう。しかし，それならそれでいい。なぜなら，私たち支援者は知的障がい者を，1人ひとり違った，人・物・環境に対して独自の特別な意味を与える人と見なすからである。知的障がい者の世界というのはこのようにして量的に広がるのである。つまり，量的にいえば，わずかな区別なら可能かもしれない。はっきりとした社会的好奇心があまりないが，前述のシグナルを受け入れていれば，私たちは知的障がい者と交流ができるのである。

　肉体面でいえば，目に見える差異というものも十分観察できる。全体的に，知的障がい者は身長が低く，体重も軽めで，あまり高齢にはならない。聴覚・視覚・運動機能に障がいがあったり，てんかんが合併していたりする。大多数が歩行が不自由か，または完全に寝たきりの状態である。痛みに対する閾値が高い。つまり痛みに対してより鈍感な人もいる。感覚刺激に対する感じ方が異なる人もいる。

　ここまで，知的障がい者は本当に限られた環境の中で生きていると受け取られかねないような，やや否定的な議論が続いた。しかし真実からかけ離れた議論をしてきたわけではない。正しい「入口」を見つけることができれば，新しい世界へ分け入ることができるのである。

　サマーフェアの話題に戻ろう。このようなイベントを，知的障がい者はど

はじめに

の程度まで楽しめるものだろうかという疑問であった。知的障がい者はサーカスの上演を，音・香り・光の寄せ集めとして見ているのではないだろうか。私たちと同様に楽しめるのだろうか。こういった演出効果を，彼らの環境の中に認識できているのだろうか。この質問はたぶん永遠に答えは出ないと考えられるが，筆者は前述した活動の大部分が入所者の許容範囲を超えているという結論に至っている。

このような理由から，スヌーズレンは，重度知的障がい者への特定の娯楽として毎回のフェアで導入された。また，多くの親たちが息子たち娘たちについてきて，あらゆる種類の刺激に子どもたちがどう反応するか，つぶさに見てきた。そして親たちの熱心さに支えられて，スヌーズレンは急速に発展を遂げてきた。

スヌーズレンはオランダとベルギーで多方面に発展を遂げてきている。スタッフや器材に高い投資が必要であるという理由で，スヌーズレンをまったく導入しない施設もある。また，各ルームを一室にまとめた方が効率的だという理由で，各グループ用のスヌーズレンルームを設置せず，中央にスヌーズレンルームを一室設置する施設もある。筆者の考えでは，こういった選択肢も相容れないものではない。

最も重要なのは，人と人との触れ合いである。これは決して機械とか特殊効果で代用できるものではない。そしてこれは，いつまでも，私たちがスヌーズレンの感覚を重度知的障がい者と分かち合うことができる出発点でなければならない。

<u>監訳者注</u>

1 2人の若い職員とは，ハーレンダール入所施設で軍務反対者として勤務していたKlaas Schenk と Niels Snoek である（さらに，同施設のレクリエーション部長のRein Sraps もいた）。彼らは，1974年に "Snoezelen" の言葉を考案した。この言葉は，元々は "Snoeslen" と綴って用いていた。同年，アド・フェアフールとヤン・フルセッへはこの Snoezelen に匹敵する同じ活動をハルテンベルグセンターで「初歩の活動」として発展させていた。

同年，アドとヤンは，オランダの作業療法の大会でハーレンダールの3人の職員と出会い，多くの情報を交換し合った。彼らは，まったく同じような活動が個別にそれぞれ実施されていたことに大変驚いた。このことは，パイオニアであるヤンとアドにとっても大変大きな刺激になった。

数年後，ハーレンダールの彼らはこの活動を中止してしまったが，ヤンとアドはその後も Snoezelen を発展させ，ハルテンベルグセンターに大きなスヌーズレンルームを作り，今日に至っている。

2 入所者について，ここではハルテンベルグセンターの知的障がい者施設に入居している重度知的障がい者のことを指している（以下同様）。

1974年，ハーレンダールのスヌーズレンチーム。左から，
Niels Snoek, Rein Staps, Klaas Schenk。

1976年，ハルテンベルグのスヌーズレンチーム。左端がアド・フェアフール，左から3人目がヤン・フルヘッセ。

# 第1章　人間と環境

## はじめに

　人間の遂行能力を分析した結果によると，そこには4つの側面が見られる。人間は感覚，思考（人には心と知性がある。たとえば，論理的な構造を理解したり，要約し，分析し，評価し，学び，思い出す）の能力，感情（幸福，怒り，満足など），行動（歩く，話すなど）を持ち合わせた生き物である。これらの4つの機能は相互に関係している。これらはとても複雑な方法でお互いに影響し合っている。

　人間は自分自身の環境や世界を作り上げている。この自分自身の世界をとらえるという感覚は，充足感をもたらす。自分自身の運命を自分で決定することができ，自立をあきらめなくてもいいなら，人は貴重な財産を手に入れる。自立をあきらめなければならないなら，人は犠牲者となり，やる気をすっかり失ってしまい，他者に依存するであろう。

　人に自立という輝きがまだあるならば，それを尊重し，大切にすべきである。人間は自身の自立を築き上げることができる状況を作り出そうとする。重度知的障がい者と共に仕事をしている私たちは，彼らのためにふさわしい環境を準備しなければならない。障がい者の状況をよりよく把握するために，環境の要素を組み立てたり，感覚や感情を管理したり，それらを制御し

ようとしなければならない。

　重度知的障がい者は，往々にして自分の世界の周辺に限られた身体的な経験しか得られないため，これを意識的にまったく経験しようとはしない者もいる。この場合，彼らは大抵，世界を快・不快で体験している。それは，重度知的障がい者が物に異なる意味を与え，物の使い方から経験を自分のやり方で解釈するという，混沌とした世界の中での生活を意味する。

　しかし，それでもこれは，知的障がい者ではない人の世界とまさに同じように，確実に彼自身の世界である。もう一度繰り返す。私たちは他のどんな人の世界とも同様に，彼らの世界を尊重しなければならない。私たちは彼らのためにそれを最大限高めようと思ったら，幸福感の向上を目指した好ましい状態を作り出さなければならない。知的障がい者の障がいの程度が重度であればあるほど，作り出すべき条件を見出すことは難しくなる。

　どのようにして好条件を作り出せるのだろうか。シグナルがいつ，どこで，どのように発信されるかに細心の注意と警戒をすることにより，それらが何であるかを確かめる。私たちの感覚，つまり，シグナルの受信者は可能な限り多くのシグナルを受け止め，記憶するように，いつでも準備万端にしていなければならない。私たちが入所者のために，これらのシグナルを適切な行動に移そうとすると，私たちには多大な理解と感受性が求められる。彼らの幸福は多くの要因に依存しており，私たちは彼らのためにこれらの多くの要因に影響を与えることがある。知的障がい，または，しばしば身体障がいのために，重度知的障がい者はほとんど，あるいは，まったく自分自身の環境を変えることができず，彼の周囲の環境は他者によって強硬に決められてしまう。もし彼が環境を変えたければ，他者（親やスタッフ）に頼らなければならない。しかし，私たちが知的障がい者や彼らの環境に及ぼす影響を，十分に把握していることはほとんどないのである。

## 五感と知覚

　私たちは，自身の五感により，直接周りの環境を知覚する。私たちは人間・動物・事物に反応する。五感なくしては，私たちは生命の機能を果たすことができず，死の運命に至るだろう。五感は私たちが出会う危険を私たちに警告し，私たちの気分に影響を与える周りの環境の印象を知覚させる。
　私たちの世界は生と死の両者の事柄で成り立っている。それは私たちに部分的には知られていない姿で私たちの前に現れる。未知なるものは探索したいという衝動に駆り立てられる。毎秒，膨大な刺激が私たち自身を襲い，それらは私たちの五感によって記録される。この刺激のデータの流れは，私たちの脳によって運ばれ，行動や他の体の活動へと部分的に変換される。また，私たちは新しいデータ（情報）と初期に獲得した情報を照合するために自分の持っている記憶を使う。
　私たちを取り巻く世界は，視覚（光），聴覚（音），嗅覚（匂い），味覚（味），そして触覚の入り混じったものからできている。そのいくつかは認識でき，私たちの経験の記憶の構造の中に位置付けることができる。不明な刺激は探索され，慎重に調べられる。私たちの最も重要な感覚器官は触覚である。皮膚の表面には熱さ，寒さ，接触，痛みに反応するたくさんの感覚器官が存在する。平均して１センチ平方メートルに 70 個程度の感覚受容器官がある。皮膚は私たちの体の中で，ずば抜けて最も重要な器官である。目や耳が不自由で，匂いも味も感じることができない人がいたとしても，皮膚によって外界を感じ取る機能がないと，人は生きてはいけない。触覚は物の形や，ざらざらとした手触りやなめらかな手触り，熱いか冷たいかの状態などの情報を私たちに与えてくれる。
　しかしながら，私たちの周りの環境の全体像を形作るためには，目，耳，鼻，口といった他の感覚も同時に使う必要がある。私たちの文化においては，ある意味では触覚は後回しにされ，視覚が優先される。私たちはいわば

「触れるべからず」といった社会に住んでいる。私たちは偶然に誰かに触れたり，ぶつかったりした時にはすぐに謝る傾向がある。この傾向とはまったく異なり，触れることが，意味の深い愛情表現になる（時には知らない他人に対しても）という文化がある。私たちの社会において，他人に触れるということは性的な意識が働くため，しばしば，私たちは非常に控えめにそれに対処するという結果をもたらす。

　視覚がとても重要であるため，私たちはしばしば周りの環境について限られた情報しか受け取れないことがある。温度の変化や，固い，柔らかい，ざらざら，滑らかといった表面の違いは視覚ではまったく識別することができない。そういった，より繊細な差異は肌によってしか感じとることができないのである。私たちは新しい事物についての情報を獲得するために最初の段階で，この感覚を使うことがある。子どもや大人は皆，初めて見たものを触りたがる。その2つの感覚は分離している（もちろん，他の感覚受容器官も使っている）。しかし，視覚と触覚と一緒に感じたものは視覚だけで感じたものよりも，常により強烈な経験となる（Kroeber）。私たちは普段，視覚を用いてその事物を識別すると，すぐにその対象を感じることを止めてしまう。それは，私たちはそのような場面では視覚だけで十分だと思ってしまうからである。しかし，これは部分的にしか理解できていないことになる。

　嗅覚や味覚といった感覚もまた，私たちの環境で重要な機能を果たしている。味覚の領域では，私たちは苦い，塩辛い，甘い，酸っぱい，といった4つのカテゴリーを識別している。私たちは石鹸のような味を5番目の味と呼ぶかもしれない。これらの味の各段階は，私たちの舌の異なる部分に位置づけられている。そして私たちがいつもは気づいていないが，味覚は大抵，味と匂いの組み合わせから成っている。たとえば，オレンジを食べた時，私たちはとても特有の味を感じる。しかしながら，この「味」は，匂いと味の組み合わせから成っている。すなわち，オレンジの持つ独特な匂いと酸っぱい味である。もし，鼻を閉じた状態で同じオレンジを食べたとしたら，酸っぱさを感じるだけでオレンジだとは思わないだろう。

　匂いも私たちの心理状態に重要な影響を持ち得る。私たちを心地良くしてくれる匂いもあれば，逆の効果をもたらす匂いもある。匂いが特殊なのは，

それを言葉で表わすことができないことである。あなたはいつもそれと他の匂いとを比較して，相手がそれを識別するのを期待している。それは「これはあの匂いと似ている」や「この匂いは……と似ている」といった具合である。匂いはしばしば連想を呼び起こす。ある出来事や初期の経験は心地良い匂いや不快な匂いのどちらの匂いとも結び付いている。過去に，あるいはかつて感じた匂いと同じ匂いは経験の記憶を呼び起こしてくれる。

　音もまた，ある意味で触覚の特性を持っている。私たちが気付いている以上に，触覚と聴覚には著しい関係がある。肌はとても多面的な特性を持つため，音と音波の両方に反応することができる。そのために，私たちは音を耳で知覚するだけでなく，肌でもまた，体の奥深くにある器官でも音を記録する。これらの感覚知覚は，私たちに，空間，時間，現実性，規模，形，深さ，質，私たちの周りのすべてのもののかたちを提供してくれる。このことは，私たちが安心できる環境のイメージを私たちにもたらしてくれる。この世界の新しい知覚は私たちに驚きと恐怖の気持ちを駆り立てる。最初に，私たちは新しい現象を私たちの世界にありふれたものとして受け入れる前にまずは探索する。この情報は私たちの記憶の中に蓄積され，私たちが類似した状況に出会った時にそれらを呼び起こす。このように，私たちはこの世界をどのように，またどの程度動きまわるかによって，自分たちの環境を質・量ともに広げていくのである。

　行動することは，私たちの一生を通じて質的にも量的にも私たちの環境を広げる方法であり重要な要素である。動作に制限のある人や，1つまたは複数の感覚を使うことができずに暮らしている人は，その人の環境を大きく広げることはできない。だから，1つまたは複数の感覚を使えない人は，より選択的に，そして極めて確かな感覚を使う能力を養う必要がある。そうすることによって障がいがあっても自分の世界を広げることができる。私たちはここで非常に重要な段階に至る。これらすべてが，いかに混沌としているように見えても，私たちの多くは，自分自身に届く刺激を整理し，組み立てることができる。この点で誰もが自分自身の順序を作り上げる。混雑したショッピングセンターがまったく気にならない人もいれば，そうはいかない人もいる。鳥の鳴き声と風のそよぎ以外何もない，どこまでも続く原野を楽

しむ人もいれば，そうはいかない人もいる。
　しかし，私たちの基準による知的能力の低い人が，同じデータの流れをどの程度処理し整理することができるかという疑問は残る。もう一度問おう。このような人が，サーカスとは一体何なのかを認識できるのだろうか？　それとも，音や光，色，匂い，ひょっとしたら触覚や味覚まで，ごちゃまぜになったものとして経験しているのだろうか？　こうした疑問から，今日私たちがスヌーズレンと呼んでいる概念が事実として現れてきたのである。

# 第2章 スヌーズレン，知的障がい者ケアにおいて発展した活動

## はじめに

　歴史を振り返ると，知的障がい者に対する社会的な処遇には多くの変遷を見ることができる。多くの古代文明において，そして初期の文化において，いや，今日でさえ，数多くの知的障がい者は不適切な医学的治療によって死亡している。最初，彼らは仲間や家族とともに暮らしていた。魔女裁判によって，計画的に殺された時代もあった。中世では，不適応な行動をとる精神病者は，いわゆる精神病院に隔離された。そのような場所には，精神障がい者や知的障がい者もいた。彼らは全員同じように扱われた。そこには，セラピーなどは存在しなかった。
　施設の中における治療は常に変化してきた。徐々に人々は精神障がい者と知的障がい者に同じ治療を施すべきではないことを理解し始めた。19世紀の終わりまでには，知的障がい者の治療のための最初の施設が創られた。知的障がいは，先天的な障がいと見なされ始めていたので，治療といえばベッドでの看病しかなかった。知的障がい者のほとんどには実際のところ身体的な疾患はなかったので，この治療には多くの異議が唱えられた。知的障がい者の中には，退屈，無関心だけでなく，抑圧による攻撃性が増えていった者もいる。また睡眠障がいの症状も現れた。この状況は，20世紀初期に

は改善された。知的障がい者にはかなりの運動量を伴う活動を継続して行わせた。この目的は彼らの行動を変えること，つまり，攻撃性を減らし，規則正しい睡眠をとり，良好な健康状態を維持することにあった。当時，個々の人々に対して注意を払うということはほとんどなかった。

　徐々にではあるが，知的障がいのある患者に活動を行わせることに対する別の可能性が理解され始めた。彼らをより高いレベルで活動させるべきであるという考えである。というのも，患者の多くが，明らかに数種の実際の仕事をこなせるようになってきたのである。そして，これはすぐに好ましい結果をもたらすことになった。知的障がい者はより関心を持たれ，さらには，何か「役立つこと」をしたことによって，彼らの中に自尊感情が育ったのである。その活動はますます働くことに近づいていった。しかし，知的障がい者が働くことに駆り立てられ，つぶされてしまわないかという危惧があった。しかしながら作業療法の目的は，作業において治療を受ける者のレベルに合わせ，彼らを，できるだけ有意義に働かせることである。このように，知的障がい者の創造的な可能性にアプローチができるのではないかという見通しが得られた。創作療法の価値が認められ，創造的な能力を探求し，教具に慣れさせ，実際的な使用方法を教えるという点で生徒を支援していくことが目指された。

## オランダにおける知的障がい者ケアの歴史

　オランダの知的障がい者のケアは，混乱の中発展を遂げてきた。振り返れば，知的障がいのある仲間に対する社会的な態度は急激に変化してきた。なぜならば，この数十年で，知的障がい者の行動面の現象に関するさらなる研究が行われ，この分野における多くの著作が刊行されてきた。幸運にも，この知識は学者だけではなく，まず第一に知的障がい者に接し療育する責任

のある人々も確実に入手できる。たとえば，両親，ソーシャルワーカー，スタッフなどである。

　教育は最初家庭から始められるが，さまざまな要因により，それがもはや不可能で，望ましくない場合には，子どもは施設に入るか，デイケアセンターを利用することになる。

　一般的には，軽度の知的障がい者のケアはそのような施設以外のところでなされると言っていいだろう。家族の代わりになるようなもの，子ども，または，成人のデイケアセンターが考えられる。重度知的障がいの患者は，ほとんど大きな施設の室内で介護される。初期のような，はっきりとした区別は徐々になくなり，特に，大きな施設は徐々に居住の他のあり方を見つけ出そうとしている。このことは，もし施設の壁を越えて社会の中で重度知的障がい者が何とか生活し働けるならば，なるべく多くの利用者にチャンスを与えるための努力といえる。これは，いわゆる「フェーズハウス」とか「ソシオハウス」[注1]と呼ばれるグループホームであり，ここ数年間で急速に世に出てきたものである。インテグレーション（統合）の傾向とは別に，より小規模な住居の需要もまた1つの役割を果たしている。私たちが今日知っているような，1000人以上の利用者を収容する施設は今後建てられないだろう。しかしながら以上述べてきた結果として，重度知的障がいの患者が大きな施設に入所する人数は増加するであろうことは否定できない。さらには，慢性疾患や，寝たきりの患者の数が増え，施設内の高齢化の問題がある。

　私たちも自身の働く施設で，このような問題に直面していた。今までは，軽度知的障がいのある入所者に多くの目が向けられてきた。このグループに適切な作業を見つけることは大した問題ではなかった。しかし，重度知的障がいの入所者数が軽度知的障がいの入所者数を上回り始めると，問題は別のところに移っていった。両親やスタッフ，相談員はこの問題に徐々に直面していった。私たちは重度知的障がいの入所者に，どのような作業を提供できるのか？　そしてこの問題の前にまず考えるべき事柄があった。私たちはこれらの入所者に対して，どうしてもできる活動を提供すべきなのだろうか？　医療的サイドだけから，良い治療を行うだけでは不十分なのだろうか？　1950年代以前は，軽度知的障がい者や中度知的障がい者だけが，教育や作

業療法を受けるのに適任とされていた。重度知的障がい者は、これらの取り組みからは除外された。施設の中では、彼らの介護のみが行われ、せいぜい指導できるのは基本的なことのいくつかを自立的に行うための訓練であった。なぜなら、彼ら（重度知的障がい者）は、介護だけを必要としていると考えられていたので、知的障がい者のケアの中で、「とり残された人々」と見なされていたし、現在も往々にしてそのように思われている。

## 新たなる知的障がい者観とケア

　教育者と心理学者の出現により、知的障がい者のほとんどが介護や多少の訓練を受けるだけよりも、もっと多くの可能性を持っているということが徐々に認められていった。社会科学は重度知的障がい者が、ある程度の教育を受ける能力があるという多くの可能性を提示した。今は、看護師にも医療的な能力とは別に、ソーシャルスキルが必要とされてきた。入所者と触れ合う際に、彼らの存在に意味のある活動が求められた。まずは、ここから始める。発達させられることは何か？　たとえば、社会的感情。もし可能で、望むのであれば。維持すべきことは何か？　たとえば、可動性。運動器系に注意を払うこと。防ぐ努力をすべきこと、もしくは防げることは何か？　入所者がすぐに興奮を抑えられるような状況を作れるのではないか。その点でソーシャルスキルは、自立訓練、生活面の学習体験や、コミュニケーション活動のような社会との接触の機会を与える活動に関係する。また音楽、歌、手工芸、スポーツ、レクリエーション、ゲーム、演劇も同様である。これらの活動のほとんどは何らかの教育的効果をもたらす。長い間、知的障がい者もまた教育を受けるべきであり、少なくとも発達すべきであるという見解が普及していた。すべては社会化、ノーマライゼーションの枠組みの中で、である。知的障がい者には多くの不自由さがあり、個性に対する配慮がほとん

楽しい

どなかった。「オペラント条件」のような用語が定着した。それでも，すべて誠心誠意で（善意によって）起こったことなのである。もし，知的障がい者が社会に受け入れられるという基本的な見解があれば，今日の訓練もさほど間違ったものではない。この意味で，知的障がい者は別の方法でも機能を回復することができる。できないことばかりから始めるのはよくない。それとは逆に，重度知的障がい者の可能性を認める方がはるかに建設的である。私たちは積極的に彼らを受容すべきである。私たちは彼らが何もできないと決め付けずに，彼らの能力に目を向けることから始めるべきである。彼らが，成長し変化することが可能な状態を創り出そうではないか。私たちは，また彼らが体験でき，共に訓練できるようなさまざまな空間を障がいのある人々に提供できるようになるべきである。このように考え方が変化していく中で，障がいの程度による能力差（ヒエラルキー（序列））についても討議される。知的障がいのない健常者は，より知力が高いために，知的障がい者の上に置かれている。しかし今日，それはむしろヒエラルキーではなく平等の問題である。人間性にレベルはないのだ！　これらの変化は術語学の上で

も見られるようになってきた。初期のころ，知的障がいのある人々は，医療的なモデルでは，患者（医学的モデル）と呼ばれたが，その後，生徒と呼ばれ，今は入所者，ハウスメイト（同居人），利用者などと呼ばれる。そして同様に，白痴[注2]（重度の精神薄弱者）と言われていたが，今日では重度知的障がい者，知的障がい者などと呼ばれる。知的障がい者は，以前は世間から多くの欠陥があると思われ，「本当にかわいそうな」人と見なされていたのであった。

　物質的な面から見ても，施設のあり方に変化が起こっている。かつて施設内の部屋は，家具がなくがらんとしていた。特に，重度知的障がい者は家具を壊すかもしれないし，また，どんな家具や装飾品が部屋にあろうとも，関心がないだろうという理由から最小限の家具や装飾品しかなかった。彼らはそんなものを見もしないと考えられていた。今私たちは彼らのことをよく知るようになった。スヌーズレンのことが聞かれるようになる以前からずっと知られていた事実だが，重度知的障がい者も部屋の中の雰囲気や変化にとても敏感であるということは明らかである。

　私たちは，自分たちの理性的な態度によって妨げられてしまうことが多い。以前指摘したように，私たちの理性的な態度が，私たちの五感の本来の使用と，より純粋な経験を妨げているのである。代わりに，私たちはそのことについて理性的に分析しようとする。このことに関連して，私の友人の一人は，これを次の逸話で説明している。オーストリアの山から，彼と友人は絵に描いたような美しい村を見下ろしていた。彼は赤い屋根の明るい色合いに心を奪われた。彼は友人に「とても素敵じゃないか」と言った。友人は，「確かに。でも，ほとんどの家はきちんとタイルが置かれていない」と答えた。

　重度知的障がいのある人々はそのような知識の重圧を負わされることはない。あなたが彼らを注意深く観察すると，彼らはただ身体を動かしたいという思いだけで，身体を動かしているのがわかるだろう。彼らは自分たちの五感を使用し，各自いろいろな方法で楽しんでいる。彼らがスヌーズレンに関わっている時，知的障がい者が新しいことに直面して表わす驚きに，しばしば出くわす。彼らの反応はとても原始的である。彼らはその感覚体験を合理

的に説明できないし，奇妙に思っているかもしれないが，でも現実に彼は驚き，その体験は本物なのである。学習することは絶対に必要なものではない。しかし，彼らは経験を得る機会が与えられるべきである。どんな経験をしたいかは知的障がいのある人たちしだいであり，もしその過程において何かを学ぶことがあるとすれば，それは予期しない素晴らしい贈り物である。いずれにせよ，彼の視野は広がるだろう。

　知的障がい者には自分の遊び方やコミュニケーションの取り方などがある。彼がこの世界を自覚的に経験しているわけではないだろうと思われる事実からだけでは，人として劣った者であると結論を下してはいけない。スタッフとして，私たちは一般的・標準的な考え方で知的障がい者にアプローチしすぎていると指摘した。多くの重度知的障がい者は，見たところ，変わった振る舞い方を示すが，明らかにそれを楽しんでいる。しかしこの振る舞い方が不安を生じさせることから，人は「情緒障害」と名付ける。もし私たちが異なった基準で，この種の行動に働きかけたら，重度知的障がい者は元気を取り戻せるだろう。明らかに，私たちの関わり方に創意と工夫が常に求められている。施設において入所者がその生活に順応すべきではなく，施設とそのスタッフが，もっと入所者のニーズと希望に応じるべきであると繰り返し強調しなくてはならない。

　今日「インテグレーション」という言葉が生まれた。辞書によると「グループあるいは集団を混ぜ合わせることで，平等にする」とある。知的障がいのある人という特別な事例においては施設の外の社会に放り込まれたり，入ったりするということになる。このことは消極的な過程ではない。社会に「放り込む」「入れる」という言葉は行動を含んでいる。この行動は2つの側面から成っている。知的障がいのある人は，たとえ社会の中にいることが時たまだとしても，そこに自分の居場所を見つけなければならない。一方，社会もまた彼のために門戸を開けるべきである。それは，知的障がい者が社会の基準に合わせる，といった一方通行であるべきではない。逆に，知的障がいのある人が（明示しうる限り）自分の基準を社会に無理強いすることも，またできない。

# 知的障がい者ケアの1つの活動としてのスヌーズレン

　重度知的障がい者のための多くの活動は，元々は軽度の入所者のために与えられていた活動に由来している。これらの活動を重度知的障がい者に合わせて簡素化，あるいは，控えめにすることで，私たちは彼らに多少なりとも「適した」作業活動を見つけることにしばしば成功した。しかしながらスヌーズレンは重度知的障がい者を念頭において特別に開発されたものである。このことはすぐに実践によって明らかになる。もし軽度の入所者にスヌーズレンルームへの入室を認めるならば，重度知的障がいの入所者の表情に見出された無言の驚きはすぐに失われることになる。その代わりに私たちはより遊園地にふさわしい活動形態を見出す。その設備は大変乱暴に扱われ，まったく異なった役割を与えられる。「中程度」のレベルに位置する入所者には，はっきりと正反対の感情が現れた。一方では彼らは提供されるものに好奇心をそそられ，もう一方では，この種類のものは「あまりにも大きすぎる」といくぶん困惑を感じるのである。

　スヌーズレンは新しい現象であるが，論文記事としてははるか昔に遡る。1966年にクレランドとクラーク（Cleland, C. G. and Clark, C. M.）は論文の中で，「スヌーズレンの」部屋[注3]を「感覚カフェテリア」と呼んだ。この論文では，「スヌーズレンの」部屋は，五感を刺激するすべての種類の設備を提供する場所であると説明している。反応が著しく多様なこともまた描かれている。スヌーズレンのような活動がどうやって実験の段階から，一般的に発展したかを知るためには，私たちは少しばかりこれまでの経緯を振り返らなければならない。このような回顧は，単純な思いつきと簡単な活動がいかにしてそのような影響力を持つことができるのかを示してくれる。

## これまでの経緯を振り返って

1978年にティルブルグの知的障がい者センター Piusoord に勤めていた1人の同僚から1通の手紙を受け取った。彼は「アクティビィティテント」で経験したあらゆる積極的な反応に夢中になっていた。その活動は，重度知的障がいの入所者のために，音，光，風船，干し草などを利用して作られていた。

　ハルテンベルグセンターでサマーフェアが行われるので，そこの重度の入所者のために同様の施設（活動テント）を企画すると良いのでは，と思われた。正直なところ，私たちは最初あまり熱心ではなかったことを認めなければならない。同僚の何人かと一緒に，あれこれと考え取り組み始めた。サマーフェアは一時的な取り組みであったため，私たちに与えられたのは小屋のようなもの，あるいは，むしろ棒に屋根をのせたようなものであった。私たちは農業用のプラスチックで廊下を作り，帆布で横を覆い，それをスヌーズレンルームに変えていった。この「迷路」で，一連の活動を設けた。視覚的には仕切られていたが音はさえぎられておらず，時にはそれが邪魔になることがあった。送風機で紙吹雪や風船が部屋中に飛ばされている部屋や，コーナーに置かれた柔らかいクッションや干し草の中に音の出るオモチャが隠されている部屋などがあった。水の入ったボウルが置かれた OHP のある部屋もあった。水の中にインクを垂らすことによって，素晴らしい色の配色が白いスクリーンに写し出された。レコード・プレーヤーの上に，色紙の端切れがのり付けされているジャムの瓶を置き，その後ろにランプを置いた。ジャムの瓶はレンズの役割を果たして，ランプが回っている間カラフルな光がスクリーンに映し出された。ある廊下は音のコーナーになっていた。スピーカーやヘッドフォンからいろいろな種類の音を聞くことができた。とても魅力的に見えるいくつかの楽器が置かれた棚があった。また「香り」のコーナーもあった。テーブルに，香水の瓶や石鹸，ハーブなどの香りのする物が取り揃えられている。また私たちは，天井から，たとえば，羊毛のカーテンやキュッキュッと音の鳴るオモチャなど，触れて楽しめるものも吊るした。水と砂の入ったトレイ（皿），紙張子（パピエマシェ）のテーブル，泡立つ（発泡）トレイがあった。塩辛い物，甘い物，酸っぱい物，苦い物といった味のする食べ物の入ったトレイがあった。迷路の終わりには，一部が

砂利で,また一部が砂で満たされた大きなトレイを置いたので,異なった音や歩く時の感覚を体験することができた。数日後,抱いていたかもしれない懸念は忘れ去ってもいいと確信した。というのは,利用者から非常に多くの好意的な言葉をもらい,言葉によらない反応はもっとたくさんあったからである。それは大成功であった。このことによって励まされ,私たちと何人かの同僚は,テーブルを囲んで将来の発展について議論した。1年後のサマーフェアでは,私たちはデイケアの部門で多くの部屋を使うことができた。私たちは,このかなり広い部屋を,一時的にスヌーズレンルームとして設置する許可を得た。その部屋は,適切に仕切られていたので,他の部屋からのうるさい視覚的・聴覚的な刺激がなかった。その上,部屋はとても広かったので,その活動は1回目よりもはるかにうまくいった。今回は,屋外の日光と,部屋の内側の薄明りの間に,入口での移行区域を作ることも可能であった。私たちは,このサマーフェアの間,オープンハウスを続けた。2年目のスヌーズレンの活動は,2日間で400人以上の利用者があったが,そのほとんどは全国からやってきた仲間たちであった。

　それ以来,スヌーズレンの国内外における発展は急速に進んだ。1979年と1980年に,私たちのスヌーズレンでの経験に関する2つの報告書(レポート)がまとめられた。初めは,これらの報告書は,主に入所者や両親,スタッフの経験について論じたものであった。また,使われた器材の一覧も載せた。これらの報告書は,国中の人々に読まれた。私たちは,仲間から,彼らの常設もしくは半常設の可動式のスヌーズレンルームの実験を見にくるようにと多くの招待を受けた。私たちはたくさんの情報を交換し合った。そして新しい考えが生まれ,試みられた。さまざまな雑誌で記事が取り上げられ,講演会も開催された。要するに,皆がこの現象(活動)に関心を持ち始めたのである。国の多くの施設には,常設のスヌーズレンルームがすでにあったが,私たちのところにはなかった。私たち自身の経験と外部からの提案によって,常設の施設はどのようにあるべきかを考え,その図面を作った。私たちは,そこを私たちが必要であると思うすべての設備で満たしかった。そのためには,常設できる場所と資金を探さなければならなかった。計画の段階で,私たちはこの分野での防火設備の厳しさに直面した。そ

れには，もちろん財政面での影響は避けられなかった。1984年2月に着工が進み，私たちの常設のスヌーズレンルームは完成した。若干の制限はあった。部屋のいくつかは，もう少し大きいはずだったし，そして使用される設備のいくつかは，防火設備の条件を満たす程度に変えなければならなかったので，その教育的価値は下がってしまった。そしてもちろん克服しなければならないいくつかの問題，すなわち初期の生みの困難があった。もし皆さんが，私たちがすでに明確な解決策を見つけていると考えていたら，がっかりさせてしまうことだろう。私たちは，絶えず改善と新しいアイデアを探している。たとえば，電子工学における最新の発展は，それらが決して優先されるというわけではないが，しっかりと注目していく必要がある。私たちが，重度知的障がい者と彼らのスヌーズレンでの経験について，すべてを知っていると決して思ってはならない。


## 他の対象者への広がり


はじめに

　私たちはすでに，スヌーズレンが影響を及ぼすのは重度知的障がいのある入所者だけではないことを確認した。私たち自身の経験と感情は，この活動の影響を受ける。私たちが利用者とスヌーズレンルームまで一緒に行くと，私たちの感覚は，そのような収容施設の中にいる間ずっと重要な役割を果たす。このことから，私たちはスヌーズレンが他の対象者にとってもまた意味のある活動になり得ると推測してもいいだろう。現実には，知的障がい者のケアにおいて開発されたことが，この分野から外へのさらなる広がりを妨げた。しかし障がい者の環境に関する認知の仕方を調べれば，私たち自身のものと共通した素地を見ることができる。すでに指摘したが，私たちの認知は

非常に表面的なものである。特に触覚に関する限り，重度知的障がいのある人々は触覚を通して，より「深い」認知を得ている。彼は触覚によって非常に熱心に最も満足のいくスヌーズレンを経験するという事実を私たちは知っている。私たちスタッフも個人的に触覚から影響を受けていると気が付くと途端に，大抵はこの観察結果をどう理解したらいいのかわからなくなる。私たちは，反応の仕方がわからない上に，非常に自意識が強い。それゆえ，私たちは反応の仕方を学ぶべきなのである！

## 認知症者のケア

　認知症者のケアにおいて，スヌーズレンはここ数年かなりの評価を得てきた。スヌーズレンがなぜこの領域で人気があるのかは，簡単に立証することができない。ここにはいくつかの思い込みがある。認知症者は知力の弱さを示し，特に彼らの記憶力は低下している。彼らの行動は，ますます不合理なものになる。高齢者は，彼らの環境や，思考及び行動に至るまで，もはやどのような体系も見出せないほどに呆けてしまう。そういうわけで，彼らは，この世界を混沌としているか，脅迫的であるかのようにさえ，理解している。その結果，彼らの周囲の人々が「情緒障害」かと思うような行動を見せるのである。これは，過剰な刺激が不適切な行動を導いたり，または刺激の不足が「奇妙な」行動を引き起こしていることが考えられる。たとえば，無関心である。私たちは，しばしば彼らが，完全に「子どものような」レベルに陥っているのを見る。そうなると，介護福祉士は知的な能力の衰えを考慮してすすめられそうな活動は何だろう，と考えるのである。

　現段階では，まず第一に，彼らがまだ何ができるか，考えなければならない。すぐにあなたは彼らの話す能力と感覚の活用は，問題解決への手掛かりになることがわかるだろう。私たちが後者の選択肢をとるならば，その時スヌーズレンには多くの可能性がある。私たちは，雰囲気と静けさ，本来の五感の対応と刺激の選択的な可能性を考えることができる。高齢者自身が自分で選択することや自身のペースを尊重することは，当然のことである。しかし，この分野には多くの困難な要素がある。そしてそういった問題はスヌー

ズレンのような活動を認めることを難しくする。父または母が，赤の他人のようになってしまうとか，もはやあなたをわかってくれなかったり，あなたの存在にほとんど反応しなくなることに立ち向かうのは辛いものである。「重度の情緒障がいのある高齢の認知症」グループの人たちは，特に，ナーシングホームの中で大きな集団であるが，いくぶん放っておかれる存在である。私たちがしばしばどうしたらいいのかわからない人々である。ところが，私たちが手の届く範囲内に（まだ）いるその他の人々のためならば，適した活動はいくらでもある。たとえば，刺繍，木材工芸，音楽，ゲームなどは，十分多種多様に私たちが提供できる活動である。

　しかし，集中的な看護を必要としているグループの人々については，何をさせたらいいのか，その活動を見つけるのが明らかに難しい。このことは，作業療法士や介護福祉士，さらに高齢者に関わる人々に大きなストレスを与えている。これは，知的障がい者のケアにあたる職員も以前からずっと，そして今でも毎日のように直面している問題である。自分にできることには限りがあると思うと，自分が無力だと感じることは，この状況ではよくある。そんな時に，言葉によるコミュニケーションがほとんど，もしくは，まったく不可能なことによる不満や無気力になった結果，1つの活動としてスヌーズレンが生まれたのである。問題は，たとえば，他の人の身体を撫でたり，触ったりするような，他の表現方法を見つけなければならないということである。これらの触れるという行為は，通常私たちが個人的な仲間とだけで行うか，あるいは，しばしば配偶者とだけで行う行為である。言葉によるコミュニケーションが成立しないためにボディーランゲージを使わなければならないことが，不信感を呼び起こすことがある。特に，スヌーズレンには，私たちが重度の情緒障がいのある認知症者に接する時に利用できる重要な要素がたくさんある。その1つは，尊厳の感情である。認知症の男性または女性，もしかすると，私たち自身の父または母が人形で遊んでいるのを見たら，その事実を受け入れるのは難しいと感じる。多くの介護福祉士は，それ以上に，多くの認知症者の身内の人たちは，このことを受け入れるのに時間がかかる。老人ホームでのこうした話題については相反する意見がある。

数年間にわたって老人ホームで看護の仕事に従事してきたゲルト・ブレメンダル女史が著した『認知症高齢者』の本の中で，私たちは日常の実践における典型的な実例を見ることができる。デ・ベード夫人の話である。デ・ベード夫人は，数年間にわたって，認知症高齢者のためのナーシングホームで暮らしていた。ある日，彼女は人形を持って現れる。誰にも彼女がどのようにしてそれを手に入れたのかということはさっぱりわからなかったが，彼女はそれを持って非常に満足そうだった。最初，彼女は小さな女の子がするように，人形で遊んでいた。しかし，彼女はますます人形を自分自身の子どもとして見なし始めた。食事を与えて，ベッドに寝かせて，彼女が世話をしなければならない自分の子どもとして。「自分の赤ちゃんの世話をすること」はすぐに彼女の日中の時間のほとんどを占めるようになった。その時まで，介護者，同居者と親類はその人形の世話が悪いことだと思っていなかったが，彼女はさらに長い時間そうしていた。ある日，彼女は老人ホームのリビングルームに座っているときに，赤ちゃんにお乳を飲ませるために自分の一方の乳房を露出したのである。ある意味では，それは素晴らしい暖かい人間的な出来事であったが，人形に「授乳する」認知症の老女，それはまた，見る者を幾分当惑させるものでもあった。彼女がそうしている時，彼女の2人の娘が部屋に入って来た。と同時に，作業療法士（OT）がもう一方のドアから部屋に入ってきた。彼女（OT）は，身内の顔に，衝撃と驚愕の表情を見た。無理もない話だが，彼女はショックを受けた身内の人の様子を見て，その人形を取り上げた。彼女がデ・ベード夫人の小さな赤ちゃんを取り上げたので，デ・ベート夫人はすっかり取り乱してしまった！このような状況はとても人間的で当然の反応として，おそらくしばしば老人ホームで起きていることだろう。

　そのような状況の中では私たちの規範と価値観が支配的となる。私たちは規範と価値観が侵害されると思った時，行動を起こす。つまり，私たちは自分と違う人の生活に干渉するのである。デ・ベード夫人に起こったような出来事における私たちの影響力は特に大きい。彼女は，私たちの一連の行動に反抗することができない。私たちは彼女のそのような暖かくて優しい表現を大切にして，それを最大限に利用する努力をすべきである。実際，このこと

は，私たちがスタッフや身内として，ぜひ参加して同調すべき状況である。しかし，それは簡単ではなく，私たちは，当惑もし，今まで父母に対して作ってきたイメージも捨てなければならないだろう。世間一般に，重度知的障がい児を持つ保護者は，子どもたちとの経験を通して生きることを非常に強く願うものである。「私の子どもは環境から何かを経験している」という感覚は，スヌーズレンの中でとても強く感じられる。スヌーズレンの中では，大抵の親が彼らの子どもと一緒に参加することを遠慮したりはしない。ここでは，人間としての尊厳への侵害という問題にはならない。スヌーズレンは，人間の環境を最適化する経験の1つである。

　スヌーズレンで最も基本的な要素は，私たちの役割があまり主導的にならないように身体に触れることである。重度の情緒障がい（不安）のある高齢者は，しばしば，人に抱きしめられて，髪をなでられることをとても気持ち良いと感じる。ここでも，非言語的な表現が，私たちの取るべき関わり方の主な要素となっている。身体をリラックスさせることや他者の目をのぞき込むことが，この例である。介助者としてだけではなく，身内としても，私たちはこれをすすんで取り入れるべきである。私たちは，これらの合図（身体をリラックスさせることや他者の目をのぞき込むこと）を受け入れることを学ばなければならない。人形を養育したり，ぬいぐるみを抱きしめることは，認知症の高齢者にとって，大きな意味がある。もちろん，両親や介護福祉士側には，入り混じったさまざまな感情が起こることもある。しかし，それらの感情は明らかに患者への関わり方に含まれるものではあるが，それだけにとらわれてはならない。もし私たちが居住環境の中で，ある特定の機会に実践しようとするならば，認知症者の介護にスヌーズレンを効果的に取り入れることができる。第3章の「日々の実践におけるスヌーズレン」で述べている提案は，この分野で働く人々にとって，十分な基本原理を提供することだろう。

　直ちに完璧なスヌーズレンルームを完備することは，あまりにも非現実的といえる。そのことよりも，重度の情緒障がいのある認知症者への別の取り組みを受け入れる段階の方が先に来るべきである。しかし，認知症者ケアの分野の人々と連絡を取り合う中で，スヌーズレンルームを完備することは，

考えられないことではないということがわかった。スヌーズレンの原理は，居住環境の中で，部屋の中に家具を設置する上で，または，他の部屋の中に再度家具を設置する上でも一役買っている。

## 精神医学

　精神医学の世界では，スヌーズレンは，とりわけ，安らぎをもたらす活動として仲間入りしている。スヌーズレンの医学における働きに関する点では，この分野はまだ初期の段階にある。スヌーズレンの創出する，利用者が穏やかになる環境と，利用者と器材の両方に対応できるようになるのを学ぶことは，この分野で非常に役立っている。知覚の最適化は，かなり人々の視野を広げることができる。落ちつかせる要素があるということは，不安に思っている人々の恐れをかなり少なくすることができるということである。スヌーズレンは，大変穏やかなものである。ストレスは，感覚として知覚されるものである。身体的な接触は，重要な役割を演じる。私たちの見解では，スヌーズレンと精神医学で確立されたセラピー（治療）との間には，明らかな関連性があるといえる。


監訳者注
1　ソシオハウス〈Socio-House〉について
　　ソシオハウスとは，オランダのグループホームで，長期もしくは入退院を繰り返す慢性の精神病患者や病院内で恒久もしくは長期の介護なしでは生活が困難な人，4〜6人用の家のことである。精神病院の近くにあるこの比較的安価で大規模な家の供給を，慢性的な精神病患者や知的障がい者のために，いわゆるSocio-Houseとして利用することは，魅力的であったと言われる。［参照　http://link.springer.com/article/10.1007/BF02496503　2014年5月10日］
2　白痴（重度の精神薄弱者）について
　　この用語は今日では差別用語に該当し使用されていないが，歴史的には過去に一時期この用語が使用されていたことから，ここでは当時の用語として用いた。

3 「スヌーズレンの」部屋について

　「スヌーズレンの」部屋（"snoezel" room）は，当初スヌーズレンを行う「スヌーズレンの」部屋と呼ばれていた。これはスヌーズレンの用語が正式に使用される以前のことである。今日では，一般にスヌーズレンルーム（snoezelen room）と呼ばれている。

# 第3章 日々の実践における スヌーズレン

## はじめに

　スヌーズレンという単語は，オランダ語の辞書には，まだ掲載されていない[注1]。本節で，この話題を取り上げるにあたって，まずスヌーズレンという言葉は，くんくん匂いを嗅ぐ［snufferen］とうとうと居眠りをする［doezelen］という一般的な2つの用語を組み合わせたものである。うとうと居眠りをするという言葉には，落ち着いた活動という意味が含まれている。またくんくん匂いを嗅ぐという言葉は，より活動的な側面を表している。スヌーズレンという用語を用いる時，私たちは環境の注意深い探索について考える必要がある。この意味では，スヌーズレンとはさまざまな活動から成る集合的用語である。その要素は，新しくなくても，もし私たちがより意識して，はっきりとした文脈でとらえるならば，それを新しい作業活動と見なすことができる。

　私たちは何年もの間，スヌーズレンの定義を考案するために努力し続けてきた。いくつかの試みは，もしかしたら他の試みよりも良いかもしれない。私たちはそれらのいくつかに言及するだろうが，私たち自身，その定義を見つけ出そうと努め続けている。スヌーズレンの理論的な枠組みは，おそらく，より決定的な定義を規定することにより一層広げられるが，私たちは自

由に発展できる余裕を持たせ，あまり厳しい制限を設けない，より良い取り組みを付与されるべきであると考える．そうすれば，誰もがどこに重きを置くべきかを自分自身で決定することができる．以下に，いくつかの考えられる定義を挙げる．

　スヌーズレンとは，魅力的な環境における主要な刺激を用いた1つの選択的な提供である．

　スヌーズレンとは，光，音，触ること，嗅ぐこと，味わうことによって，特に感覚的な知覚と経験を目的とする重度知的障がいのある人々の主要な活動の1つである．

　スヌーズレンとは，さまざまな人たちのために有意義な経験を創出してくれる．

　この理論のほんの一部を読んでみても，まだ具体的な用語としてスヌーズレンが一体何なのかをまとめることは難しい．そこで以下のような，いくつかの具体例がこれを説明できるかもしれない．

　草原に横たわり，一本の草の茎をくわえながら，頭の上を流れる雲を見ている．とても心地良い．自動車の騒音から離れ，カエルの鳴き声と草の中を吹き抜ける風の音以外は何も聞こえない．新鮮な草の匂いがして，非常に満足している．タンポポの綿が風に飛ばされ，私たちの注意を引きつける以外に何も変わらない．その小さなパラシュートをつかもうとしてみる．真っ白なタンポポを1つ摘んで，綿を吹き飛ばし，それが見えなくなるまで飛んでいくのを見ている．草原の草や花の香りを嗅いでいると，ついつい少し眠くなってくる．ただだだ素晴らしい，そんなスヌーズレンの午後！

　雪が舞っている中，暖かい窓ガラスにくっついた雪の結晶が次第に水滴に変わるのを見ている．ハープの柔らかで美しい音色がステレオから聞こえ，部屋

の中を漂う。ゆったりとしたイスに座って、暖炉の炎をじっと見つめる。火ばさみを使って、薪をいくつか動かすと、火花が気まぐれなダンスを演じ、私はそれを目で追おうとする。新鮮な松の木の香りが私の鼻をくすぐる。ワインを一口飲み、うーん美味しい!! ワインは私をうとうとさせ、ついつい少し眠くなっている。スヌーズレンの素晴らしい夜！

　上記の２つの具体例では、魅力的な環境の中で、感覚が本来の働きを行ったのである。これらの具体例から、スヌーズレンは特定の場所に限定されたものではないことが明らかになる。室内でも室外でも体験することが可能である。すべての刺激を自分自身で体験することが可能である。五感や神経システムを通して、刺激が脳へ到達し、心地良い経験をもたらす。このような状況で決定的なことは、私が活動的に参加したという事実である。つまり、タンポポを私が摘んだことや暖炉の中の薪を私が動かしたことである。

　もし私たちが知的障がい者にもまたこういった経験をさせる機会を与えたいと望むのなら、彼らのためにそのような状態を創り上げなければならない。それは、彼らの五感をまず使って第一に選択して対処することができ、彼らが本来の方法で反応できるような魅力的な雰囲気を創ることである。上述のような場面は、往々にして複雑なので、どんな状態からでも気をそらすことなく１つの感覚だけに対処できる状況を創り上げるように意図する。知的障がいのある人々は、動きにくさや探索する欲求の不足から、彼ら自身でそういった場面を創り上げることができないため、私たちが職員として、彼らがそれらの刺激を感じ取れる場所に彼らを連れて行くことが重要である。知的障がいのある人々の五感が知的障がいのない人々の五感と異なるわけではない。彼らには、手の届く範囲にシンプルなものをもっていくことで、その刺激が生みだすものと同じものを知覚できる可能性がある。たとえば、彼らの髪の毛を優しくなでたり、シャンプーの空いたボトルをくんくんと嗅がせたり、雪の結晶をつかませたりする。このような確かな活動の蓄積は、無限に広がっていく。本来、私たちはあらゆる経験ができる。その一方で、そこには別のやり方では気付けないような独特な経験をする場面を創り上げるテクノロジーがある。実際には、私たちは日の出を見ることができ、テクノ

50

ロジーは私たちにランプを灯すことを可能にする。要するに，スヌーズレンは事実上どこででも行うことができるということである。毎日の場面で，入所者と触れ合ったり，自然の中で自由に過ごしたりする中で，そこにはあり余るほどのスヌーズレンの機会が存在する。それは居住環境の中で簡単に気付くことができる。しかし，私たちはより良い雰囲気を提供する場面を創り上げることもできる。私たちは特定の部屋をスヌーズレンルームとして整え，入所者をそこへ連れて行くことができる。デイケアにおけるスヌーズレンの設置には別の可能性もある。

# 好ましい環境要因

　知的障がい者や他の対象者のためにスヌーズレンを最大限に利用したい場合には，以下の要素がなくてはならない。

a. 場面の適切な雰囲気
b. 活動の選択の機会
c. 自身のペースを定める機会
d. 適切な時間設定
e. 反復する
f. 刺激の選択的提供
g. 適切な基本的態度
h. 適切な監督指導

## a. 場面の適切な雰囲気

　ここ数年間で知的障がい者のケアに従事してきた人々は，知的障がい者が周りの雰囲気にとても敏感であることに徐々に気付きはじめた。実際，これ

は何も改めていう必要もない。想像してほしい。

　あなたは，人工的なネオンサインの光がとても冷たい雰囲気を作り出しているレストランへ夕食に出かけている。大きな音で音楽（騒音）がスピーカーから流れ，椅子は固く座り心地が悪く，部屋はひどい色で装飾されていて，テーブルクロスは汚く，エアコンの具合が明らかに悪い。さらに悪いことに，その日までウェイターの経験のない「殺人鬼」のような形相をしたウェイターが料理を持ってきた。その上，料理がひどくて，踏んだり蹴ったりである。要するに，次回からは絶対に他の店に行くだろう。

　ことわざにもあるように「己の欲するところを他人に施せ」である。これを念頭に入れて，私たちは過去数年にわたって知的障がい者のケアにおける雰囲気の改善に精を出してきた。入所者グループの居住に関する状況を例に挙げる。調光装置のスイッチが付いたスポットライトが心地良い光を発し，騒音ではない音楽がスピーカーから流れ，家具は入所者の特別なニーズに合っている。それはカラフルな光景だが，人に何も不安感を与えない。そこには植物や水槽もあり，部屋中の換気が行き届いている。つまり，全部が魅力的である。これらの好ましい要因は物質的な範囲のものである。これらは重要であるが，それらがすべてというわけでもない。介護福祉士はそこにいるだけでその場を活気付けなくてはならない。たとえば，親しみのある言葉や身振りは効果がある。障がいの軽い入所者（知的障がい者）は，自分の体験や希望を確実に（大体言語で）伝えることができる。一方，障がいの重い入所者は私たちにまったく頼っている。彼らが出せる指示は限られている。このために職員の責任は重くなる。私たちは自分の感受性にかなり頼らなければならない。彼らが幸福感を感じられるような雰囲気を作るためには，彼らの目で見て，彼らの耳で聞こうと努力しなければならない。このレベルでは，ボディランゲージの方法に細心の注意を払わなければならない。重度知的障がい者の場合，何が欲しくて何を言っているのか，彼らはボディランゲージでしか指示することができないからである。それゆえ，どんなにわかりにくいものであっても，彼らが発信するシグナルに特別な注意を払うことが重要である。知的障がい者は私たちの感じ方に合わせることを学ぶ必要はない。私たちが彼らの感じ方を学べばいいだけである。

その場の雰囲気を作る主要なものは光と音の2つである。ということは，あなたもほの暗い明かりと優しいバックグラウンドミュージック（BGM）で，もっと魅力的な雰囲気を創造することができるということである。低い声で話すのも効果がある。仕上げは，座ったり寝ころんだりできる心地良い家具を使うことである。

b. 活動の選択の機会

スヌーズレンがどこで行われようと，またそのどのような状態が問題になったとしても，どのような活動を選択するかは，職員ではなく，利用者自身の役割である。毎日の実践の中で，私たちはいかに入所者が1つの活動から他の活動に「急かされているか」を見ている。自ら意欲的に取り組む時間のほとんど，たとえば，理学療法士によるグループセラピー，家に戻って食事をする時，入浴の時もである。彼の希望に沿う配慮は少しはあるが，彼の代わりに考察され，彼の代わりに多くのことがなされている。スヌーズレンを通して，私たちは（本人の）「代わりに」を「当事者による」に変えていきたい。スヌーズレンの実際の例であるが，入所者がある特定のかわいいオモチャで遊ぶことを楽しんでいる時は，そのままにしておく。それが彼の決めた選択だからである。彼が何か他のものを歓迎していることを何らかの方法で示している時には，それを提供してやるだけでよい。利用者は「スヌーズレンを経験する」ことで，私たちは彼につながるが，その主導権は，できるかぎり彼が握らなければならない。

c. 自身のペースを定める機会

以下に述べることは，前項のポイントと多くの点で関係している。私たちの観察では，入所者にとってそのペースが速すぎる場合が多い。これは，たとえば，職員の人員不足が原因といえる。スヌーズレンでは，できる限りこの性急さを払いのけたい。利用者は刺激を受け止め，それを認知し，自分自身のペースで体験するための時間を与えられなければならない。たとえば，

利用者が絶えず形や色が変化する映し出された映像を見つけると，彼は数分間それをじっと見つめたり，または，それをつかみ取ろうとさえする。知的障がいのない私たちはほんの数秒で，その入ってくる刺激を処理することができる。彼らが横目でちらっと見ただけではこの体験はほとんど得られない。大抵の場合，探索したいという強い衝動がさらに強くなって，私たちはあらゆる可能性を得るのである。私たちの感覚は「固まってしまっている」のかもしれない。初めの刺激に自然に反応する能力が欠けているのかもしれない。私たちの理性は，小さな驚きに気付く機会を台無しにしてしまう。すべてはつまり，確実に，最初に利用者のペースに私たちが合わさなければならない場合に問題は起こるだろうということである。日々の中で，私たちはできる限り利用者のペースに合わせようとしているが，スヌーズレンではさらなる努力が必要である。なぜなら，利用者のペースの尊重は彼らの能力を最大限に働かせるための必須条件だからである。その点で，しばしば介護福祉士の方が利用者よりも多く入院する，というのは事実である。

### d. 適切な時間設定

　たとえば，最初に音楽を流し，いくつかの大きいライトを消し，いくつかのスポットライトを付けスヌーズレンの世界に穏やかに移行できるようにしてみよう。入所者の隣に横たわり，新しい状況が作り出されていることを自分の行動で示してみよう。簡単なスタートと同様に，スヌーズレンは緩やかに終わりが来るべきである。完全にその雰囲気に委ねた活動は，たとえば，あなたの勤務時間の終わりが来たからといって，決して急に止まってはいけない。いつもの日課に戻るのがはっきりとわかるように行動してみよう。たとえば，立ち上がり，大きい電気を1つずつ点けていき，カーテンを開け，音楽をゆっくり消してみよう。時間の長さは完全に利用者の示す反応によって決められる。彼らが退屈してきて，驚きや関心がなくなってきたら，それは終りをつげる笛と見なすべきである。これらの彼らのシグナルを同定し解釈することが私たちの責務である。

## e. 反復する

　私たちは，各自比較的すぐに刺激を知覚して構造化することができるので，私たち自身決まった効果にはすぐにあきてしまう。そういうわけで，私たちの経験の蓄積は，急速に広げられるのである。理性的に観察をした場合，驚きはすぐに「それがすべてである」という言葉に取り替えられるだろう。スヌーズレンルームの利用者は，刺激，知覚及び処理に関して基本的な段階に置かれているため，私たちよりもはるかにずっと多くの時間を必要とするだろう。こうした理由からスヌーズレンをどのくらいの頻度で，どれくらいの長さで，どのように行うべきかを確立することは難しい。利用者の受け取り方は，このことを暗示しているのである。

## f. 刺激の選択的提供

　上記において知的障がい者の世界は，しばしば刺激が豊かすぎて，それゆえ混沌としているか，あるいは混沌とするほど脅迫的であるということが認められている。実験的に，私たちはある時，いわゆる病棟で録音を行った。後で職員に録音したテープを聞かせたところ，職員はその音がその場所で作られたとはほとんど信じられなかった。それは音の寄せ集めであった。ラジオの音，多くの話し声，ドアの開け閉め，ガタガタという食事のワゴン車の音が入っていた。そのような瞬間，あなたは入所者が完全にその状況になされるがままであると悟る。重度の入所者はいかなる方法でもこの状況に影響を及ぼすことができない。このような状況を彼のために変えて，混沌と脅迫を軽減することは職員の義務であり，その結果として刺激は減る。私たちは望ましくない刺激を取り除こうと思えばできるのである。たとえば，ラジオを消したり，大声で話さないことで刺激を減少させたり，特定の瞬間に特定の刺激を提供するという投薬をする，などである。スヌーズレンは刺激の選択的提供を必要とし，そしてそれを可能にするものである。

g. 適切な基本的態度

　私たちはあらゆることを学ぶことができる。しかし，人々との接触では，特に知的障がい者との接触においては，一種の才能を必要とする。これらの人々と一緒に活動することは，あなたが好きなこと，深く関わっていることを経験によってはっきりと表現できるようにすることなのである。これは専門的技術と関係のない個人的資質である。もしあなたが誰かの深い愛情を獲得することができるならば，それは素晴らしい才能である。知的障がい者もこの才能を持っている。この基本的態度によって，私たちは彼らと共に働き，交流するのである。私たちが自分自身に批判的であることは重要である。あなた自身の反応や感情の持ち方で入所者への働きかけの仕方が決まる。あなた自身の喜びの感情，温かさ，愛情といったものが重度知的障がい者との接触における忍耐力を決定するのである。そして，怒り，イライラ，苛立ちの感情もその関わりにおける決定的な要因となる。誰もが皆，これを別々に経験し，その結果，異なった反応をする。しかし私たちは重度知的障がい者がすべて同じではないという考えに，安らぎを見つけることができる。彼らもまた幸福，怒り，愛情，苛立ちの気持ちを知っていて，異なった反応をする。これらの事実から始めれば，重度知的障がいのある人との関わりからあなた自身の基本的な姿勢を見出すことができる。

h. 適切な監督指導

　スヌーズレンでの監督指導は何から成り立つのだろうか？　いくつかの出発点は以下の通りである。上記から，私たちは入所者がスヌーズレンから最も利益を得ることができる有利な状態を作り出さなければならないと推察することができる。このことは私たちが彼の選択やペースを尊重しなければならないということを意味する。要するに，彼自身が経験を得るための時間を彼に与える必要がある。その上，自分1人で「スヌーズレンをしている」のではなく，介護福祉士と一緒に行っていると利用者に感じさせたいのである。これは，スヌーズレンに関する限り，私たち自身の「通常の」経験で判

第3章 日々の実践におけるスヌーズレン

感情を分かち合う

断をして，あまり干渉したり，正したりするべきではない，ということである。利用者があなたを「スヌーズレンの」仲間と感じるようにすることである。まず第一に，あなたの存在を身体的に感じさせることである。気分転換に強い抱擁をしてあげることである。低い声かささやき声で話してあげて，その雰囲気を高めるようにすることである。私たちがスヌーズレンで利用者に関わる時，私たちの持っている常識をかなりの程度まで捨てなければならないことを実践が教えてくれている。

　入所者がスヌーズレンをしている時，大切なことの1つは，彼が安心していることである。そして，これはまた介護福祉士にも当てはまる。なぜなら，あなたを安心させるべき雰囲気やその他のすべての条件は揃っているからである。でも，何が起こるのか？　確かにそのような状況では，私たち自身を完全に入所者にゆだねることは難しいことがわかる。私たちは困惑と遠慮によって自然で適切な対応ができない。これは入所者の態度とは対照的で，彼らは私たちの尺度に妨げられない（尺度を知らされてもいない）から，その態度はいつも伸び伸びとしている。私たちは職員として活動してい

57

るが，環境は魅力的であるべきである。その環境は，あなたを活動とリラックスに導く安らぎと静けさをもたらすものであるべきである。私たちが干渉しすぎては，日課となってしまう。私たちの目的はリラクゼーションであるにもかかわらず，緊張する結果となってしまう。また，利用者も何かを達成しようと思う必要はない。これは日々の生活状況とは対照的なものである。トーレンビーク（Torenbeek, C. R.）の言葉を借りるならば，

　スヌーズレンは，いつもとは異なる他の方法で機能する機会を提供してくれる。重度知的障がい者はスヌーズレンが好きなので，情報を獲得したり学んだり発展したりすることもない。特に，活動的になり，味を確かめたり，匂いを嗅いだり，触れたり，動いたりすることは，重度知的障がい者のニーズに合っている。


　以下に，かなり詩的な比喩であるが，最も良いたとえを示すことができる。確かにスヌーズレンの中には非常に微妙な要素がある。すなわち他の人（重度知的障がい者）の気持ちに私たちには責任がある。
　私たちは，入所者を「花」にたとえることができる。花は，開花の準備ができ，最もふさわしい瞬間に開く。花の芽に開花を急がせても無理である。花が開く過程を早くすることはできない。それは，自然の営みの過程を妨げるだけである。急ぐことで花は傷を受け，そしてこのような私たちの振る舞いは，すべての生き物に対してほとんど敬意を示すものとはならないだろう。一度花が咲いたら，次には好奇心や集中力などが続くだろう。

# 日常的に実践するスヌーズレン

## 概要

　これまで述べたことから，スヌーズレンに関しては，日常生活の実践の中にその多くの機会があると推測することができる。これらの機会は，時には単純な方法で作られるが，時にはより複雑な方法にも依る。まず最初に，初期のケアにおけるスヌーズレンについて見てみることにしよう。初期の治療は医療行為を行うだけではなく，社会的なケア（接触）も提供していた。私たちは，以前，スヌーズレンがまったく新しいものではないことを述べた。それは，私たちがケアの状況の中で毎日遭遇するさまざまな要素の複合体から成り，より意識的に取り扱われる。スヌーズレンは，いまだにしばしば，学校，または，アクティビティセンターに行くように，別個の活動であると見なされている。つまり，このことはスヌーズレンが決められた時間に行われることを意味した。私たちは「急いでシャワーをあびよう！　スヌーズレンの時間がもっと長くなるように！」というのをしばしば耳にする。

　スヌーズレンは，本当にごく一般的なことの，特別な形式の１つとして見なされるべきである。居住環境の中におけるスヌーズレンは，利用者が隔離されるという兆候の発生を防ぐかもしれない。これは，つまり，スヌーズレンは日常と異なった状況ではなく，スヌーズレンと日常の実践には厳密な境界がないからである。そのような調和した環境では，入所者は彼自身と彼の仲間を理解できるようになる機会がある。これは，とりわけ重度の知的障がいの入所者の場合に考えられる。利用者の居室やユニットなどの介護の場面でも，スヌーズレンに関する多くの経験が得られるかもしれない。たとえば，浴室で，気分転換に特別なシャンプーを使う（泡ぶろ）。シャボン玉を作る。シャワーヘッドを反対に使う。入所者のペースに対して，より一層の敬意を払うこと。たとえば，夕食で彼に食べ物の匂いを嗅がせ，さまざまな

デザートを変えたり，特別に豪華なサンドイッチを作ったりする。十分な抱擁をしてあげ，あなたが彼の服を着替えさせている間，穏やかな音楽をかける。ケアの間に行うスヌーズレンは，触れ合いのためにはとても良いものである。スヌーズレンは，スヌーズレンルームだけで限定的に行われるものではない。あなた自身の日常の業務を批判的に見続けることである。そうすることで，ちょっとしたインスピレーションと気付きで，あなたは勤務時間内にスヌーズレンの機会をたくさん作ることができる。また，部屋の装備品や，あなたのグループの使用する他の器材を批判的に観察することである。あるいは，ウォーターベッドを買ってもいいかもしれない。器材を購入する予算が足りない場合，「クッションのコーナー」はスヌーズレンに多くの可能性を提供する。ケアの場合以外にも，スヌーズレンには他の多くの可能性がある。簡単な器材とそれを用いた活動で，あなたがどのようにスヌーズレンを行うことができるか，2，3の例を提示しよう。これらの活動は，大した準備を必要としない。

## 触覚

触覚の側面は，知的障がい者の生活において，重要な役割を演じている。赤ちゃんは，感触によって自分の体とその環境を探索する。私たちは，重度知的障がいのある子どもたちにも，この行動を見ることができる。すなわち，彼らは，自分の手と口を使って，ありとあらゆる物を感じる。身体には，たくさんの可能性がある。愛撫する。ひざに座る。触り心地のいい人形や物で遊ぶ。動物や自然の素材を触ったり，家の中の家具（椅子，カーテン，タオル）などに触れる。粘土，パン生地，水のような素材で遊ぶ。入所者に，スピーカーや楽器を触らせて振動するものを体験させる。熱さと寒さ（水，空気）を感じさせる。ここでは，運動の経験（揺れること，滑ることなど）もさせる。

## 聴覚

どのような方法であれ，音を用いる場合には，私たちは音の4つの異なる特徴に留意しなければならない。たとえば，トランペットはハーモニカとはかなり違ったように聞こえる。ピッチは，高い，低い，または，高いから低いへ，そしてまた戻ってと，変動する。音量は，どれくらいの大きさなのか？　継続時間については，どれくらい長く音は聞こえるのか？　ここでは，その音がしばしば，ある気分や感情を引き起こすことを忘れてはならない。たとえば，泣き叫んでいる子ども，あるいはゆかいな子ども，森の中で猛威をふるっている嵐（これは，緊張または恐れを呼び起こすかもしれない）など。他にも例がある。

　あなたの声（話す，ささやく，歌う，ハミングする）の音。自然（鳥のさえずり，サラサラ鳴る葉の音）からの音。電子機器から出される音，つまりレコード，テープ，ラジオ，テレビ，ヘッドフォン，またはスピーカーから聞こえる音。特別な，あるいは，普通の楽器から聞こえる音である。

## 視覚

　入所者にはいろいろな方法で（異なる視点から），現在，自分が置かれている環境を見させる。絵，『パンチとジュディ』の人形劇[注2]，映画，テレビ，スライド，影絵芝居，灯を点けたローソクか花火，トーチ，鏡，色の付いたガラス，回転物（ボール），シャボン玉，紙製の風車，ネジ巻きオモチャなどである。

## 味覚と嗅覚

　ここでは，液体や固形の食品を提供し，はっきりとした味覚（苦い，甘い，塩辛い，酸っぱい）という形で具体的な刺激を使うことができる。たとえば二十日大根，塩漬けの魚，ピクルス，ケーキなどを例として取り上げるといいだろう。自然や家の中の匂いの場合には，たとえば，強い匂いのするハーブの入った簡単な香りのシリンダーを作ることもできる。香りのビンや草花をテーマにした小冊子とパンフレットについては，これまでにもいくつ

か出版されている（巻末の「参考文献」を参照）。

## 居住型施設内にあるスヌーズレンルーム

概要

　これまで述べてきたことは，より広い意味でのスヌーズレンと呼んでいいかもしれない。狭義のスヌーズレンの場合，特定の目的のために設置された1つないし複数の部屋を持つスヌーズレンルームを考えることができる。ただ，後者の場合にはより多くの問題を含んでいる。また小規模でシンプルな居住施設内に設置されたスヌーズレンも，ミニスヌーズレンと呼ばれる。これは，特別に設計された大規模な施設設備を居住施設の外側に設置するスヌーズレンに対立するものであるといえよう。後者は，時には大きなスヌーズレンと呼ばれることがある。いずれの場合も，そのねらいは，利用者自身の選択およびペースを考慮した魅力的な環境で主要な刺激の選択肢を提供するということにある。この時点で，あなたが思い描くことができるように，ミニスヌーズレンルームの特徴やそこに含まれている問題について説明することが得策だろうと思う。ミニスヌーズレンというのは，いわゆる（一時的に）改装した生活や睡眠のためのユニットとしてのスヌーズレンと，居住施設に設置されている常設のルームとしてのスヌーズレンの両方をいう。ミニスヌーズレンは，以下にいくつかの段階の形をとって提示される。実用化に関する限り，私たちがここでとっている手続きについてはもちろん拘束するものではない。

段階A

この段階では，私たちは，部屋やかなりはっきりとしている材料の具体的な可能性を利用する。私たちは，その部屋が一時的にそうした目的に割り当てがなされたものであると仮定する。

## 段階B

この段階では，私たちは，より多くの，そしてやや明確さを欠いている材料を利用することになるだろう。このことがスヌーズレンを一層魅力的なものにする。しかしながら，投資が一層高いものとなるし，より高い投資がまた主要な条件を創造するために求められることになるだろう。

## 段階C

この段階では，居住環境の常設のスヌーズレンルームで始めることになる。スヌーズレンに費やすための時間がより多くなり，その投資が一層高くなり，求められる主要な条件の数が増える。

## 段階Aの実際

この目的のために，たとえば，窓の外側に農業用のプラスチックを付けることで，容易に効果的に暗くすることができるような部屋を使用する。したがって実際的な見地から見れば，冬は部屋を暗くするのが最も容易になるので，冬にこうした実験を計画することを勧める。照明効果を使用する場合は，温度が相当上昇し，プラスチックは絶縁効果があるので，喚気が十分になされているかどうか注意する必要がある。

### 触覚の側面

床の上にマットレス，クッション，毛布などのような物を置くか，壁に接する形で配置することによって，居心地の良いコーナーを作る。硬くて冷たい床の上で直接横にならないようにする。スヌーズレンにすぐに役立たない家具はすべて取り除く。いくつかの可愛いオモチャを床のあちらこちらに置

き，天井から弾性のゴムバンドでいくつかのオモチャを吊るすといい。もちろん，あまり高くないところに。

　聴覚の側面

　気分を高揚させるBGMを，前もって磁気テープに録音しておくといい（参照「推薦される楽曲リスト」）。たとえば，音楽に対して特別な反応を呼び起こすといったような，特別な効果を考えていない場合は，ぜひともそれを背景用の音楽として用いるといい。ギターかフルートをあなた自身が演奏するのであれば，「録音された」音楽よりも望ましいだろうし，生の音楽を聞いたり見たりできるので，利用者には一層好まれるかもしれない。

　視覚の側面

　スヌーズレンの基本的な要素の1つとなっているムード照明は，色が付いた紙で電球を覆うことにより作り出すことができる（火気に気を付けること！）。いくつかの着色電球を付けた小さなスポットライトを，壁や天井，その他の特定のものに向けて使用する。ローソクを使用することもできるが，この場合は十分注意すること（バケツ一杯の水か消火用ホースを近くに置いておく）。また，天井と壁に多彩な模様を投影するために，色紙で覆われている小型の懐中電灯を使用することができる。花火も用いることができる（ここでも，注意が必要である）。部屋の中に大きな白いシートを吊るし，その後ろに強力なランプを置き，簡単な影絵芝居をすることができる。

　嗅覚と味覚の側面

　この分野もまた工夫が必要である。部屋（場所）にはそれぞれ特有な匂いがある。居住区域はしばしば洗浄剤の匂いや，極端な場合には，尿の臭いがするところもある。その場合は，香を焚くとか，香水を噴霧させるといい。趣向を変えて，テーブルにつかず，手で食べるのもいいだろう。何か特別なスナックを準備して，コーヒーではなく，たとえば，ミルクセーキを出す。サンドイッチに何か新しいものを付け加えるのもいい。


**段階Bの実際**

　これまで述べてきたように，私たちは仮の部屋を用意しているが，徐々に

さまざまな用具をそろえている。オモチャの配分のポイントは，大変実用的で，しかも経済的であることだろう。これは，特別なスヌーズレンの器材を使って，より多くのグループの人たちが作業することを可能にする。こうしたやり方をすれば，費用はそれぞれのグループごとに器材を別々に購入するよりも，大変安いものになる。しかしそうした器材は大変頻繁に使用されるため摩耗が早く，すぐに修理が必要になる。他の施設のスヌーズレンルームや器材といったいくつかの用具を使用するのも1つの解決策となるかもしれない。

　聴覚の面

　ほとんどの音響セットは，1つ以上のヘッドフォンにつなぐことができる。ヘッドフォンを頭に付けた場合，入所者の全員がその重さに耐えられるわけではないが，やってみる価値はある。なぜなら，ヘッドフォンの使用は集中力を高めてくれるからである。カセット・テープとカセット・レコーダーに取り付けられている簡単なマイクロフォンは，音響装置に容易につなげられる。入所者が自分や他人の声を聞くと，非常に驚くことが多い。

　視覚の面

　明るさの強度をより良くコントロールできるように調光器をいくつか設置するといい。宣伝用の器材を取り扱っている会社に立ち寄ると，安い価格で鏡シート（クロムコーティングのプラスチック）を買うことができるだろう。このシートは，自由に曲げることができて鏡として使えるが，電球の光を反射させるのにも使える。ディスコ装置を取り扱っている店で，ライトオルガンを買うことができるが，これは，マイクロフォンが内臓されている器機である。マイクロフォンが音を拾うと，音が電流に変えられ，色の付いた明かりが点灯する。このちょっとした装置は，サウンドシステムの入力にもつなげることができるので，その音を聞くのと同時に，見ることもできる。家庭に簡単なスライド・プロジェクターを持っている人が誰かしらいるものである。スクリーンかシートの上に，スライド（できれば自然の写真のように，落ち着きのある色と構成のもの）を何枚か投影してみるといい。8ミリプロジェクターを借りることができる場合は，映画を見せるといい（たとえば，ジャック・クストーの海底フィルム。巻末の「推薦される楽曲リスト」参照）。

プロジェクターの速度を調整することができるのであれば，一層好都合であるといえよう。というのも，より穏やかなイメージがあふれてくればくるほど望ましいからである。

### 嗅覚と味覚の面

時が経てば，嗅覚と味覚の領域で想像力が刺激され，新しいアイディアが生まれるかもしれない。

## 段階Cの実際

居住施設内に別個に常設のスヌーズレンルームを設置するゆとりがある場合，他の条件が満たされる必要がある。常設の部屋の場合は明らかな利点がある。部屋には，一度だけ，2～3の基本的な要素を備え付ける必要があるが，自由な基本的な要素を試すこともできる。このことは，職員に対する要求がより少なくなるので，かなりの時間の節約になる。リビングルームは，散らかされることはなく，本来の機能を保つことができる。結果的に，入所者の心配を減らし，混乱は少なくなる。器材をあちこちに移動させなければ，器材はより長持ちするだろう。別個のルームがすぐ近くにあるために，入所者が自分でスヌーズレンを行うようになり，この部屋がもう1つの隔離部屋として使用されることになってしまうかもしれない。しかし，このようなことは決して起こしてはならない。入所者をスヌーズレンルームに追いやると，この部屋に否定的な烙印を押すことになる。

## 基本的な要素とは何か？

### 触覚

柔らかな床。たとえば，フロアをマットレスで覆う。壁を布地やコルクのような肌触りの良い素材で覆うこと。

### 聴覚

部屋を音響システムで最適化すること。

### 視覚

光の強さを調節できるスポットライトによる固定ムード照明。同じことを繰り返しいわないように，ここではスヌーズレンルームの器材や用具についてはこれ以上述べない。その可能性についてはすべて，後に詳述する。

# 居住型施設外にある中央スヌーズレンルーム

## 概要

多くの施設で，中心となる非常に大きな常設のスヌーズレンルームの建設をしばしば選択する場合があるので，ここでさらにそのような施設を建てることについて詳細に議論をしたい。これには，2つの可能性が本質的なものとして考えられる。感覚の知覚と関係するあらゆる活動が行われる大きな部屋を選ぶ人もいるかもしれない。これは，刺激の選択と提供がなお可能であることを意味しているが，そのような施設は，その複雑さゆえに，さらなる多くの平静を乱す刺激を伴う。もし，分離された小部屋を選ぶならば，これはどんな平静を乱す視覚刺激や聴覚刺激も除外されることになるだろうし，こうした設定内では，感覚はより選択的に取り扱われることになるだろう。しかし，私たちはこうした選択があらかじめなされなければならないことを理解しておくべきである。

## 賛成意見と反対意見

小さなスヌーズレンと大きなスヌーズレンの賛否，そしてその両方の形式は共存できるのかという問題が持ち上がるかもしれないが，まず，後者の問題については，私たちが率直に「はい」と答えることができる。小さなスヌーズレンルームが，ある一定の環境内でいくつか作られていたとしても，

いずれ大きなスヌーズレンルームを１つ作ることはそれほど贅沢ではなくなるかもしれない。小さなスヌーズレンルームは，浴槽での「泳ぎ」にたとえられ，大きなスヌーズレンルームは海の泳ぎにたとえることができる。浴槽内での泳ぎも素晴らしいかもしれないが，海は無限といっていいほど多くの経験を提供してくれる。住居環境の外側に大きなスヌーズレンルームを設置することが実際に可能だとわかったら，居住環境内に小さなスヌーズレンルームを設置することが，それでも望ましいのかどうか，疑問に思うかもしれない。このことは，利用できる部屋と財源問題に大きく左右される。近い将来，中心的なスヌーズレン施設が実現されない場合，当然正当化されるのは小さなスヌーズレン施設の設置である。浴槽であっても，まったくないよりはましである！　小さなスヌーズレンルームの利点は，それがすぐ近くにあるということと，またその経費が比較的かからないということである（話し合ったわけではないが，たとえば12の小さなスヌーズレンルームという条件で）。短所は，それが大きな施設の持つ機能と同じものを提供するものでは決してないということであり，入所者がすぐに飽きてしまうという危険性があるということである。

## グループの人数

　スヌーズレンルームの中ですべてのものを最大限に利用することができるためには，ある程度の休息が必要である。私たちは自分たちの経験から，私たち自身が，入所者よりも容易にスヌーズレンルームの中で，動揺しやすいということを知っている。利用者のグループの大きさは，主に部屋の中での入所者の行動と部屋の大きさによっても左右される。その他の要因には，アクセスのしやすさ，居室からの距離，そしてスヌーズレン施設内の各々のルームの稼働率があげられる。スヌーズレンの中で介護福祉士の積極的な参加がなされる場合，参加することのできる利用者の数も，収容施設の職員の状態にもかかっている。というのも，スヌーズレンルームを訪問していない，グループの残りの人たちに，十分な数の職員を配置しなくてはならないからである。概してスヌーズレンの場合についていえることは，個人か小グ

ループで実施される必要があるということである。こうしたグループの大きさは3人ないし4人であり，それ以上にはしないことである。ある職員が，初めて何人かの入所者をスヌーズレンルームへ連れて行った時，グループ全員一緒にすべてのルームを訪問したのには驚いた。通常は介護職員がもっと経験を積むと，こうしたことでも，より柔軟に対応できるようになる。利用者は，自分自身の活動とペースを選択する。職員も，利用者がどこで一番居心地が良いと感じているかを，利用者を見て理解する。常にスヌーズレンは小規模な活動であることを忘れてはならない。

## 人員

　住居環境内のスヌーズレンルームの場合，中心施設に比べると介護職員の数が少ないという問題が残るだろう。同じ建物内にあれば，そのような余分な部屋の使用があっても，必ずしも余分な人員を必要としない。しかしながら，建物の外で，スヌーズレンの施設を使いたければ，別の問題が生じることになる。この場合，時間という問題が重要な役割を演じることになる。入所者を他の場所に連れて行かなければならなくなると，しばしば「貴重な時間」を失うことになるので厄介だと考えてしまう。しかしこれは話が違うのではないだろうか。入所者を違う場所に行かせることは，彼らに楽しい旅をしているという感じをもたらす。他の人と接触したり，異なる環境を経験したり，新しい匂いを嗅いだりすることは，彼らにとって非常に大切なことなのである。どこか違った場所を訪ねるということは，普段とは異なる異質な活動であると考えられるし，そのような外出は，次の局面への移行ともなり得る。彼らは決して，コートを着たり脱いだりしてスヌーズレンルームに行くことを「時間と労力の無駄」とは感じたりしない。

　すでに，介護福祉士の物理的な存在が欠かすことのできない要素であるという指摘をしてきた。このことは，利用者がスヌーズレンルームを訪問した際には，余分の職員を使わなければならないことを意味している。しかしこの場合，両親と親類は，入所者と共に施設を訪問するという重要な役割を演じることもできる。知的障がいのある子どもや，認知症のある親とともにス

ヌーズレンルームに入ることは，言葉で言い表わすことができない心情的な経験でもあり，おそらく他ではどこでも得られない素晴らしい経験となるだろう。

## 時間割

　スヌーズレンルームの使用方法については，多くの要因によって左右される。それは，ルームの状況や大きさ，施設の規模，入所者の数，利用できる時間帯などである。他の施設の具体的な状況については不案内なので，ここではガイドラインについてはあまり深入りしない方がいいだろう。しかし，スヌーズレンルームを訪問することは利用者の自発的な行動によるべきであるということを強調する必要がある。その使用を厳格な時間割で固定化させてしまうことは，利用者の自発性を強く損ねかねないが，止むを得ない場合もある。特定の人と会う約束，居住規則，他の場所での活動参加，食事時間，時間割といったありとあらゆる事柄は，入所者の一日の計画を明確にするために重要である。私たちが入所者から多くの支持を得ているこの規則的な生活は，しばしば，入所者の自発的な外出を妨げるものとなっているのである。

　スヌーズレンルームに行く時間を設定することは，もしその実践が絶対にそれが必要であると示している場合に限って，なされるべきであるというのが私たちの意見である。固定化された時間割は，気持ちを急き立て，私たちは遅れていることがわかると，次へ行くのをやめてしまう。私たちがスヌーズレンルームの固定した利用時間を設定しなければ，誰でもいつでもスヌーズレンルームを利用することができるだろう。十分な人数の職員さえいれば，こういうやり方で，私たちは予約の電話を入れずにその施設をいつでも自発的に訪問することができる。しかし，厳格な時間割に固執しないことが，部屋の利用を少なくすることもあり得る。このことについては，私たちも注意しなければならない。訪問の頻度と利用者の数はまた，気象状況や他の活動，職員の人数によっても変動する。このことは，スヌーズレンルームが利用者で混んでいたり，逆に利用者がいないために静寂な時間をもたらす

ことになる。このような理由で，部屋を利用者で「満室」と見なさなければならない時，その問題について調整することもまた重要である。スヌーズレンルームが満室の場合，そちらを尊重しなければならない。個人の体験が最優先であり，私たちは機会があるたびに個人の経験を提供しなければならないからである。

## 安全基準

　柔らかい用具と多くの人工の照明器材の組み合わせについては，火気の安全性の面から特別な注意が必要である。人工の材質や天然の柔らかい材質の使用は，火事の危険性が高い。発泡性ゴムとポリウレタンフォームは，材質的に非常に燃えやすい。もう1つ心配なことは，これらの気泡ゴムが燃える場合，一旦燃え出すと非常に有毒なガスを発生するということである。さまざまな種類の豪華なコール天，ナイロンなどのような合成材質の使用は，火事になると多くの危険をもたらす。スライドプロジェクター，スポットライトなどのような器材を使う場合には，特別な安全対策が必要である。

　まず第一に，私たちは可能な限り，長めの導線コードと延長コードの使用を少なくする必要がある。入所者がそれらを引っぱったり，つまずいたりするかもしれないので，コードを破損させたり，漏電を引き起こしたりする危険性がある。延長コードは，ドアの間に挟まってしまって，ドアを動かなくするかもしれない。もう1つの危険は，コードへの過負荷である。それから延長コードはかなりの熱を発生する発電器であるため，延長コードを巻きっぱなしにしておいてはいけない。したがって，コードを巻かないで，定められた連結方法だけで使用するようにする必要がある。電気配線工事については，すべて資格を持つ認可された電気技術者によって設置されなければならない。これには決して金銭を節約してはいけない！　柔らかい素材の使用については，慎重に注意深く検討されなければならない。地元の消防署の要求する条件に従って，自分たちが使いたいと思う器材の各種取り扱いをチェックしなければならない。あらかじめ消防署に相談しておけば，その後の不快な予期しない事態を防ぐことになる。

火気の発生を遅らせる気泡ゴムと織物のカバーがある。これらの素材の多くは，自動車と航空機産業の中で開発されてきた。ある器材が常設のルームの中にしっかりと設置される場合は，特別な安全基準を満たした物品と見なされ，稼働備品に比べると条件がもっと厳しくなっている。

　カーテンなどは，重大な火気の危険性をはらんでいる。カーテンなどがスポットライトのすぐ近くにある場合，合成の網は自然発生的に発火するかもしれない。大部分のカーテンは，火のまわりを抑制する化学物質で処理されている。耐火性で火気を遅らせる布地も市販されている。スヌーズレンルームは，しばしば薄暗いので，非常口はよく知られた緑色の「出口」標識ではっきりと表示することである。これらの非常口は最も重要な事項である。実際に，非常事態が発生した場合に，柔らかい素材の床を横切って歩くことができない人を移動させなければならないとしたら，それがどれくらい難しいことか，想像してみるといい！

　通路または避難ルートが車椅子のための駐車場になってはいないかを確認することが必要である。こうなると，通路を封鎖してしまうことになるだろう。喫煙は，スヌーズレンルームでは断固として厳禁である。このことが標識の上で，はっきりと表示されているかどうかを確認する必要がある。プロジェクターや照明の効果を利用している場合は，温度がかなり上昇する可能性があるので，室内の適当な換気を行うことが重要である。

## 施設のメンテナンス〈保守管理〉

　器材や素材については，良質なものを選ぶならば，メンテナンスはあまり大した問題にはならないかもしれない。このことはまた，使用する器材の種類や使用頻度にも左右されるだろう。照明と音響効果の器材は連続使用できるように設計されているので，比較的長い耐用年数を保てるだろう。しかし，プロジェクターの電球は定期的に交換する必要がある。そして，器材のいくつかの箇所については定期的にきれいにしなければならない。たとえば，カセット・プレーヤーの録音ヘッドの上部はきれいにする必要がある。柔らかな床の場合は，良質な素材で作られていれば，その耐用年数は長い。

柔らかな床の耐用年数を長くするための1つの条件は，利用者が常に自分の靴を脱いで使用するということである。さらに，このことは素足で，または，靴下をはいた足で床を歩くことで触覚効果を高めるという利点もある。定期的にしかも頻繁に部屋を掃除することは，スヌーズレンルームを維持する上での必要条件の1つである。多くの利用者は，自分の唇で部屋の各部の表面に触ることがあるので，これらの表面は十分に清潔にする必要がある。柔らかな床とボールプールをきれいにすることは，大変骨の折れる仕事である。そして，同じことは触覚の壁をきれいにすることにもいえる。すでに述べたように，ベルクロファスナー（マジックテープ）の使用は，ここでは重宝である（「触覚の部屋」参照）。何を買うにしても器材を購入する場合は，メンテナンスが重要な要素の1つである。あなたが自分で掃除をするのか，あるいは，掃除をする人を雇わなければならないのかということも考慮しておかなければならないだろう。

## リモコン操作の使用

　スヌーズレンルームでは，定期的にスイッチをオン・オフに切り替えなければならない多くの器材が使用されている。この操作を行うために，ひっきりなしに部屋の中をあちらこちらと歩きまわることは，参加者にとって非常に煩わしいものである。そういう訳で，リモコン操作をすることは有効である。しかし，これには高い投資を覚悟しなければならない。リモコン操作の大きな長所は，私たちがスヌーズレンの活動に完全に集中することができるということである。部屋のどのような場所からでも，自分たちが必要と思う効果をもたらす器材のスイッチを入れることができる。パワーポイントと装置の間にスイッチ板を取り付けることによって，離れた所からでも器材をコントロールすることができる。そうした装置に対しては制御盤上のスイッチにコードを付けることもできるし，このコードをリモコンのキーにタイプすることもできる。テレビのリモコンに当たるこの発信機にコードをタイプすると，この装置でスイッチ・オンしたりスイッチ・オフしたりすることも可能である。こうした効果やそれぞれに伴うコードを部屋の中のボードにプリ

ントしておくと，部屋のどこからでも特定の効果を得るために，どういったコードをタイプすればよいのかということがわかる。

# 触覚の部屋

### 概要

　スヌーズレンルームの中で，重要なものの1つが触ること（触覚）である。触覚は，施設内で体験できる最も基本的な感覚の1つである。知的障がいのある人々は，彼らの内に周囲の環境の地図を作るために，触るということを頻繁に利用している。これは，視覚により重きを置いて探索する傾向がある私たち自身の方法に対立するものである。ある意味では，あなたがたは，私たちは触覚の体験に乏しいというかもしれない。そのため，スヌーズレンルームに触覚の要素を開発することは容易なことではない。そこで，スヌーズレンルームでの利用者の体験を少しでも知ることは重要である。第一に，私たちがスヌーズレンルームの中で動き回る行動は，触覚を刺激する物を，どこに，どの高さに置くか，に大きく影響している。利用者が触覚を刺激する物と向かい合うように，これらの物を配置する必要がある。それは，いわば，彼がそれらの周りを歩き回ることがあってはならないからである。例として，長い通路の中には，私たちはジグザクに付けるやり方で，綿毛のボロでできた2, 3の「カーテン」やプラスチックの帯，綿のフリルや小さな鈴を掛けることができる。この触覚物の「ジャングル」は，あなたに立ち向かいその行動を規制する。廊下を通り抜けたければ，カーテンの仕切りを通り抜けて廊下を通らなければならない。あなたは手と腕でカーテンをわきに押しのけなければならない。そして，こうしてあなたはより意識的に，その素材の構造を体験し，そして触覚物との「接触」がなされる。もしあな

たがその体験が好きならば，さらにその中に入っていける。ジグザグに付けたカーテンのあるこの廊下は，実際には，触覚物を提示する非常に簡単な方法の1つである。多くの利用者は床を這ったり，床の上に横になって，その部屋を探索するので，触覚物は床面の近くか，または，床面の上に配置する必要がある。そのような場合，あなたが職員の手を借りなくても，あなたが座っているか，または横になっているその場所から触覚物の感触を感じることができる。床に横になると，天井もまた重要な役割を演じている。ここでは，天井は手の届かない所にあるので，触覚刺激よりも視覚刺激の方が優先される。

## 柔らかな床

　触覚の部屋の中で最も入手したい物は，柔らかな床である。この床の構造や硬さ，高さ，温度が，この柔らかな床に変化をもたらす。当然，これは利用可能な場所にかなり依存する。

　私たちの日常生活で，家具は主要な役割を演じている。たとえば，椅子とテーブルを置くことは，私たちがどこで人々と話すか，そして，どの角度から物を見るかを決定するものである。通常，自分の家の中で，最もくつろげると感じるところは，長椅子に座ることよりも，背中を長椅子につけて横になる時である。私たちにとって慣れない環境の中では，常識にしたがって，椅子またはソファーの上に座る。私たちが誰かの部屋を訪問する場合，たとえ，家具の配置を変えた方がいいと思ったとしても，1つのコーナーからもう1つのコーナーへ家具を移さないだろう。そのような状況には，私たちは大抵すぐに順応する。しかし，スヌーズレンルームの床に，1つの大きなクッションを作るなら，人々はどこにでも，そして，どんな場所にでもすぐに座りたいという思いに誘われるだろう。すべての床全体が柔らかくて快適である。あなたは，座っているか，または横になっている場所からでも，自分の感覚を使ってその環境を探索することができる。床の構造は，人が歩き続けるのにやはり問題のない良いものでなければならない。歩くのには十分堅いが，座るのには十分柔らかい一種の気泡ゴム（クッションマット）がふ

さわしい。あまりに柔らかい床というのは，足首の捻挫を引き起こすかもしれない。私たちの経験では，およそ15センチメートル（6インチ）の厚さは，まだ小型の床に適している。床の厚みも，床の柔らかさを左右する。自分の体重ごと床に倒れる時，クッションの下の堅い床を感じるようであってはならない。

　ある意味で，この柔らかな床は，利用者が自分の周りの環境を探索して体験する基礎を作るものである。この床に，いくつかの触覚物を取り付けることができる。床にカバーをすることは，あなたがその上に座る時，自分の感覚がどのように感じるかを左右するものである。綿やウール，ナイロンは，最初触れると，暖かく感じる。合成カバーは，初めジトジト湿っぽく感じて，暖かく感じるには少し時間を必要とする。カバーのための素材を選ぶ時，カバーを時々きれいにしなければならないことを覚えておかなければならない。カバーは頻繁に洗濯をする必要があるので，綿と羊毛のカバーは取り外しが可能でなければならない。合成カバーの長所は，それらが通常防尿製品で，さまざまな掃除製品で簡単にきれいにすることができるということである。もう1つの利点は，合成カバーは，柔らかい詰め物を掃除のために取り除く必要がないということである。

## ウォーターベッド

　ウォーターベッドは，柔らかな床に対して，素晴らしいコントラストをなしている。ウォーターベッドに触った時，その動く表面にあなたは驚くだろう。ウォーターベッドの周りの床は，相対的にいって，非常に硬くできている。とりわけウォーターベッドで床を覆い続けると，あたかも全部がウォーターベッドであるかのように見えるので，その驚きはさらに大きい。たとえば，人をウォーターベッドの上に横に倒れさせる時，その驚きというのは脅迫的なものにもできる。ウォーターベッドのこの特別なカバーには，ほこりがウォーターベッドと柔らかい床の間に積み上がることがないという利点がある。しかしながら，カバーが水の量とともに移動しなければならないので，カバーはウォーターベッドよりも大きくしなければならない。

あなたが大きな揺れをもたらすようにウォーターベッドを使ったら，最高の効果が得られるだろう。なぜなら，これは起こりうる利用者の動きに最も大きな反応をもたらすからである。ウォーターベッドの中の水を，暖めることもできる。これは，周囲の環境の中で，特別な触覚のコントラストをもたらす。大部分の利用者は，およそ摂氏28度の水温が最も心地良いと感じている。身体活動の不足のため，彼らの体温はとても速く下がるので，ウォーターベッドの暖かさは，動きの少ない利用者には有難いものである。なぜなら身体活動が少ないとすぐに身体が冷えてしまうからである。ウォーターベッドは，幅広い可能性を提供してくれる。2人以上の人がベッドの上にいると，実際に2人がトランポリンの上で跳んでいる時のように，その動きはより強くなる。動きを通した人との触れ合いは重要である。ウォーターベッドの水のかたまりは，あなたの手でその表面を柔らかく押すことによって動かすことができる。これは，とりわけ利用者自身がほとんど動かない状況の中では楽しいものである。職員がウォーターベッドのそばに座って大量の水を動かすこともできる。

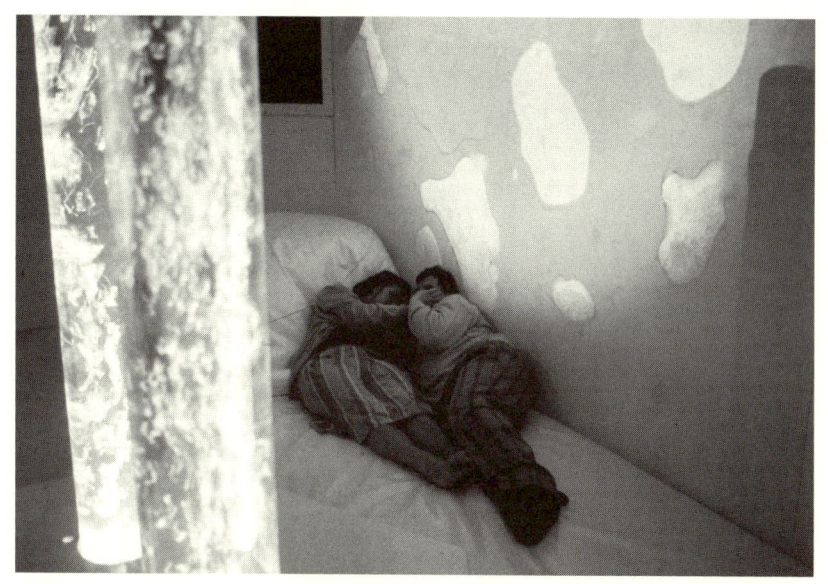

ウォーターベッドの上でリラックスする利用者と介助者

マリケは，22歳である。彼女は二重の重複障がいがあって，一日の大部分を特別な車椅子で過ごしている。背中の障がいのために，彼女は普通に座ることができない。彼女の車椅子は，車輪の上にある椅子というよりも，むしろ車輪の上にあるベッドに似ている。スヌーズレンルームで，私たちはマリケを慎重にウォーターベッドの上に乗せた。スヌーズレンルームでのこの動作は彼女にとっていつも大変な仕事である。彼女は常に自分の体をかなり堅くしている。そして，柔らかな床面の上を50キロの重さを持って歩くことは決して簡単なことではない。一旦彼女がウォーターベッドの上に転がって，横になる。彼女は，大きな，嬉しそうな目で私たちを見る。彼女は指でウォーターベッドのわきにある羊皮でできた柔らかい毛の素材に触る。彼女は，何時間でもそれで遊ぶことができる。彼女は，ウォーターベッドの「波」の上で横になりながら優しく揺れて，羊皮で手遊びをしている。時折，私たちはウォーターベッドを押したり，その上に横たわっている。彼女がこれらの動作が大好きなのがよくわかる。そしてその時，彼女の目は輝いている……

　ウォーターベッドは，移動が制限されている入所者のための理想的な遊び場の1つである。腕または足の微妙な動き，または頭のわずかな回転が大きな波を引き起こす。利用者は，職員の手を借りなくても，この効果を生み出すことができる。ウォーターベッドの上方に，いくつかの触れる物と見える物を，天井から吊り下げることができる。綿毛のひも，紙でできた鳥，モビールなどである。そして鏡を天井に取り付けることもできる。もちろん，これらの物には，部屋の中のどこか他のところでも同じ機能を作ることができる。

### いろいろな触覚物

　特別なコントラストのために，柔らかな敷物または羊皮を，床の上に置くことができる。あなたはその上で，丸くなるか，あるいは，その上でただ横になることができる。床の高さの違いも，ワクワクさせる変化をもたらして

くれる。柔らかい表面も固い表面もいずれも，このためには申し分なく適している。段階的な移動は，移動が容易にできない利用者でも，移動をより容易なものにすることができる。しかし，登ることを必要とする移動は，避けなければならない。床の中に異なる構造を組み込むことは，床をきれいにするのがより難しくなるという点で不利である。また異なる素材の使用によって生じる建造物内の張力によって，亀裂が生じるかもしれない。

　天井から吊り下げる触覚物は，触れる可能性が高くなる。私たちは，鈴（ベル）の有無にかかわらず，カーテンの使用をすでに提案してきた。サイズと硬さが異なる，よりボリュームのある物を使用することができる。最も簡単な解決策は，たとえば，綿，または，砂，米，小石，ピンポン・ボール，おがくず，羽毛，ポリスチレン・ペレットなどが詰まった本綿かキャンバス地の袋を使用することである。しかし，吸収力のある素材に注意する必要がある。その状況と使い方で，袋の中身は決まる。強い匂いのするハーブの使用または芳香性のある材料を加えることを勧める。デザインも，ここでは1つの役割を果たす。シリンダー状のバッグは，最も扱いやすい。これらはあまり大きくてはいけない。砂袋のように重くなってしまう。涙のしずくのような形の物も，無限の可能性を提供する。これらは強いバネで吊り下げることができる。そして，麻のひもをその側面に取り付ければ，「詰め物」でできた触覚物になる。

## 触覚の箱

　もう1つの可能性は，「ぶかぶか」の触覚素材を提供することである。ここで使われる最適な触覚素材は，誤って飲み込んでも危険ではない素材でできている。インゲン豆，エンドウ豆，マカロニやドライハーブのような乾燥した食物である。大自然は，豊かで多様な触覚物を提供してくれる。たとえば，モミの実，ドングリ，栗である。乾燥した苔，羽なども非常に役に立つ。

　体裁がいいように，これらの素材は，たとえば，いくつかの種類の容器，箱またはケースに入れるといい。これらの触覚の箱は，袖口カバーを付けて

使う。袖口カバーは，薄手の革または強い画布でできている。そうすれば外からは見えないので，素材はすぐにはわからない。その箱は，車椅子に乗っている人の手の届く範囲内の高さに取り付けられるように配慮する必要がある。この箱の特別なところは，いくつも穴が開いていることである。この場合には，私たちは利用者が目で見ることができなくても，手で触って感じることだけができる強く対照的な素材を置く。2人以上の入所者がこの箱で遊んでいたら，お互いの手を使って遊ぶこともできる。箱がかなり大きかったら，異なる高さに穴を作ることができる。そうすれば，横になっても，座っていても，直立していても，それを触って感じることができる。その穴のいくつかに，大変柔らかく手首（腕）部分が長い手術用のゴム手袋を入れることもできる。利用者が自分の手をこの手袋の中に入れるとまったく新しい感覚を感じる。この場合にも，適当な高さと場所は，効果を生むためには重要である。

触覚の壁：いろいろな素材でできた触覚ボード

## 触覚の壁

　ほとんどの触覚物は，壁のできるだけ低いところに取り付けるのが最もよい。そこにはいくつかの可能性がある。触ると緩やかに可動するパネルを使うか，あるいは，触覚物を壁自体に取り付けることができる。緩やかな可動式のパネルには，いろいろと動かして変えようとすれば簡単に移動できるという利点がある。これは，マジックテープの一片を使うことで広げることができる。マジックテープがくっ付く布がある。木のパネルをこの布で覆うことによって，マジックテープで何でも固定できるという多目的なボードを得られる。こうすれば，ある利用者は自分がパネルから好きなものを取ってそれで遊ぶことができ，また自分自身のちょっとしたコーナーにそれを持っていくこともできる。取り付ける物はとても簡単に取り替えられるので，構造と対照のバリエーションの範囲や幅は事実上無数にある。取り付ける物ははずすことができて，洗濯機で洗えるので簡単にきれいにできる。しかし，それを洗う前にマジックテープにカバー片を付けるのを忘れてはならない。そ

触覚の壁：なんでも使うことができる——ほうき，皿輪，スポンジなど

うしなければ，マジックテープにわずかな綿毛や髪の毛がくっ付いて，使えなくなってしまうからである。

　触覚素材の選択に関しては，「外界の条件」にも依る。火気の安全性はスヌーズレンの施設において最も重要である。そしてその条件は素材の選択を限定する。メンテナンスと衛生もまた，重要な要素である。

　つまり，触ることは私たちが自分の全身を使って行うものである。そして，このことは，器材が常にきれいなままではないということを意味する。実際に，メンテナンスが不十分であれば，それは感染症の源と細菌の温床になるかもしれない。多くの天然素材は燃えにくく，表面が焦げるだけである。動物性の皮，ウール（羊毛），スポンジと他の天然繊維質は，簡単には燃えにくくて，きれいにするのが容易である。生地とよりボリュームのある素材という両方の条件を満たす合成物もある。その上，多くの繊維生地は，火気の広がりを遅らせる化学物質でできている。しかし，これらの生地は，きれいにするのがより難しい。仮説から始めるが，基本的には，どのような素材でも私たちの目的のために使うことができるが，それがとがっていた

触覚の壁はいろいろな方法で使用できる：自分が見たものを感じたい

り，壊れやすかったり，有毒ではないかぎり，その可能性はたくさんある。あなたの独創性と幅広い経験とスヌーズレンルームに対する利用者の反応が，あなたのこれらの創作品を決めるものである。そのデザインが触覚の持つ価値よりも優先することは避けるべきである。他方，強い視覚刺激を取り入れたデザインは，大いに人の心を引き付けることができる。デザインと触覚との有用性のあるバランスは，触覚の壁に最大の効果を与える。

## 電子機器と触覚物

触覚物の付いた壁や床で，いろいろな光器材と音響の効果を使用することは，触覚の部屋でのさまざまな体験に大きく寄与することができる。現在の電子機器は，さまざまな体験を提供することに関して多くの可能性がある。その効果の可能性は無限である。一例としては，利用者が音響や光の器材を軽く触ると反応する接触面とセンサーを持つ触覚物の付いた壁があげられる。熱や湿気に敏感なスイッチや，息を吹きかけると反応するスイッチを使うことができる。しかしながら，このようなことは，入所者の能力の範囲内でなされなければならない。スヌーズレンルームの中で，最新のテクノロジーを使用することを簡単に拒否するのは，あまりにも残念である。

プラスチックの球体に触ると明かりが点いて，暖かいと感じ，その上にしばらく手を置いて，魅惑的な体験に浸ることができる。その球体から自分の手を離すと，照明は再びゆっくりと消えていく。音響システムを作動させる床の中の接触スイッチは，非常に刺激的である。接触スイッチは目に見えないので，それが作動する時，何が起こるのかを予測することができないからである。

## 触覚物の温度と照明効果

照明効果は，しばしば温度の違いと密接な関係がある。温度の認知は，触覚の体験からくる。温度に関しては，各々の素材の感触は異なる。これは，その構造が私たちの手から熱をとる速度に依る。陶磁器製のカップ（茶碗）

は，同じ部屋の中にある羊皮よりも冷たく感じる。それが気持ち良いと感じるか，または不快と感じるか，これらの相違が経験の質を決定する。革のソファーは，羊毛カバーのついているソファーとは対照的に，最初は冷たいと感じる。そのため，羊毛カバーのついたソファーの方が，おそらく好まれるだろう。熱の電源を使っている物体の温度に影響を与えることができる。光線ビームのついた簡単なランプも，そのような電源の1つである。床の中に熱の電源を取り付けることもできる。光器材の別の色を使えば，温度の違いを感じる。各々の色は，それ自身の温度を持っているからである。

## 光で照明された床

　ほとんどの人々は，おそらくディスコミュージックの床が何でできているのかを知っている。床は，交互に点灯する異なった色の光の点く四角いマスから成る。このディスコミュージックの床を光器材装置に接続すると，音響の刺激は光効果に変換される。特定の音響周波数は，常に特定の光の周波数（＝色）と共に作動する。さまざまな回路で，この光で照明された床が，音響の合成物（さまざまな音から成る音）に反応する強さに影響を与えることができる。フル稼働すると，これは調和のとれた光景になる。この種の床は，その音楽リズムのメロディーに反応することができる。あるいは，それはコンピュータのプログラムによって制御することもできる。まず第一に，そのような床は，視覚に訴える場面を提供する。私たちは，光を発している四角いマスの交互の色彩に魅了される。それぞれの光の色は，それ自身の温度を持っているので，それぞれの床の四角いマスは温度が違うように感じられる。暖かいところもあまり暖かくないところもある。スヌーズレンルームの利用者は，その床の上に横になったりして，自分が一番好きな四角いマスを探して，その暖かさの感覚を最大限に感じとる。この床の上を裸足で歩くこと，または靴下をはいた足で歩くことは，さまざまな種類の豊かな熱刺激をもたらしてくれる。床がまっすぐに立った場合，同じ体験ができるかもしれない。この時，色や明るさ，そして温度が変わる四角いマス目の壁ができる。

第3章　日々の実践におけるスヌーズレン

感覚刺激に富んだスヌーズレンの廊下（光る床，天井から吊り下げたファイバーカーテン，触覚の壁）

ヘンクは，重度の知的障がいのある27歳の青年である。彼はいつもとても落ち着きがなく，衝動的な行動をする。彼はいろいろな物をたたき，床に落ちている小さな綿毛やごみを拾う。スヌーズレンルームに入る時，自分の靴を蹴り捨てて，柔らかな床を横切って色のついた窓まで歩いていく。途中で，彼はポケットからいくつかのモミのマツカサと小枝をとって，自分の歯でそれらを割る。そして，その残りを暖房器の後に置く。次に，彼は暖房機に背中をもたれて座り，頭を強く振っていろいろな音を立てる。私は少し距離をおいて彼に向かい合って座り，後ろに心地良く座り込む。私は彼を観察する。彼は何度も立ち上がって部屋を行ったり来たりして，小さな羊毛や泡のようなものを拾う。彼はこの「ゴミ」を処分すると，再び座る。素晴らしいことに，彼は少しずつ私に近づき静かになる。しばらくすると，彼は，私がもたれている同じクッションに頭を付けて，私の後に座る。たぶん彼は自分の存在を私に気づかせるために，手で2～3回私の頭を軽くたたく。私は，自分の手を体の後に置く。彼は優しく私の手を握りしめて，それから，再び私の手を遠くへ押しのける。私は振り向いて，彼をじっと見る。彼は微笑んで，私の手をとる。

## 触る感覚としての温風と冷風

　触覚の感覚として空気の流れを使用することは，知覚のまったく別の様式である。誰でも，風の吹く浜辺を歩くことがどれほど素敵なことか知っている。顔に髪がなびき，唇に塩風が吹きつけてくる。あるいは，暑い時，車の窓の外に頭を出すと涼しくなる。いわば，空気の流れが，私たちの顔をなでる。私たちは，対流式放熱器と合体している送風機を使って，人工的にこれらの感覚を呼び起こすことができるかもしれない。柔軟なチューブ（衛生的な機能のために使用されるもののような）を使って空気の流れを管理することができる。入所者はこれらのチューブで遊ぶことができ，自分自身のために，どこに空気を吹きかけたいかを決めることができる。彼は，自分の顔に空気を吹き付けたり，または，自分の髪の毛の中に吹き付けたり，さらに

カーテンやプラスチックの細片（細かな物）のようなものを動かすために空気を吹き付けることができる。

　実際には，利用できる場所と方法に依る。一端に長い柔軟なチューブの付いた簡単な木製の箱が，いくつかの可能性を提供してくれる。この箱の中に対流式放熱器を置く。しかし，通気孔を付けるのを忘れないように！　開口部にチューブを付ける代わりに，羊毛とプラスチック細片の布切れをそれに付けることもできる。送風機をスタートさせるとすぐに，布切れは空気の流れによって動き始める。利用者は自分の顔と手に布切れを感じることができ，同時に，空気の暖かな流れや冷たい流れを感じることができる。

### 通風道〈風の通るトンネル〉

　通風道は，空気の流れを体験することからさらに発展した１つの様式である。そのような通風道を作るためには，できれば，各先端にドアの付いた長い通路が必要である。空気で四角い物をふくらますのに使用するような強力な送風機が必要である。送風機は，通路の一端の入口に向かい合わせて置く。それは，安全対策と音響制御のために覆わなければならない。気流の強さと温度は，通常この種の送風機では調節することができない。

　この通路の中で，私たちは空気の流れの中で動くさまざまな素材の物を持ち込むことができる。羊毛のひもでできたカーテンやプラスチック細片などである。気流の中で動く時に音響を立てるものを使うこともできる。銅でできた鈴，ウィンドベル（風鈴），竹材で音のする物，小さな金属棒などである。風船，紙の破片（紙ふぶき），その他軽い素材は，通風道での体験の質を高めてくれる。カーテンは，空気の流れの視覚的なアクセントになる。多くの利用者は，これらのたくさんの動きに心を奪われる。しかし，私たちは，特に車椅子に乗っている人々が冷えすぎないように注意しなければならない。もし自分の自由にできる長い通路がなかったら，大きな部屋を仕切って通路を作ることができる。これは，床の上や天井の両方に，木のパネルやカーテンで固定して取り付けることもできる。

# 聴覚の部屋

## 概要

　私たちが生まれた直後から，運動系統（同様に，感触についても考える）と同様に，聴覚機能のさらなる発達が始まる。私たちの聴覚機能の発達と音楽的な発達が最初にある。それは，赤ちゃんの発する喃語（乳児が発する意味のない言葉）の産出から始まるものである。言葉の発達は，後からやって来る。赤ちゃんは，すぐに音声に反応する。たとえば母親の声に反応する。知的障がい者との触れ合いにおいて，特に，重度知的障がいのある人々との触れ合いにおいて，私たちはしばしば，彼らが音は聞こえるけれども，話を聞くことができないということを知る。

　言い換えると，大きな声で話をすると，彼らはそれを聞くことはできるが，意識して話を聞いたり，聴き取ることができないことがわかる。この意識的に話を聞くこと，または聴き取りは，多くの注意力と集中力を必要とする。赤ちゃんが喃語を発することは，言葉の発達の次の段階への発達の基礎である。構造化されているかいないかは別として，さまざまな音声が向かってくるこの音の世界では，重度知的障がいのある人々が「私たちの話を聞くこと」には困難があると思われる。一方では，彼は音の世界に引き付けられるが，他方では，たとえば，指を自分の耳に入れることによって，それから距離を置こうとする。音声は，楽しい体験も不快な体験ももたらすことができる。これまで，私たちは音声を認識することについて話をしてきた。しかし，もう一方では，私たちは自分自身の音声器官で，または，自分たちの周囲の状況にあるさまざまな物に触れることによって，音声を産出することもできる。特に，知的障がいのある人々は，私たちがいつも，またはまったく理解できないような音声を発する。どのようにして，私たちはこれらの音声

第3章　日々の実践におけるスヌーズレン

を解釈したらいいのだろうか？　周りとの接触を求めているのだろうか？　積極的なのだろうか，または拒否的なのだろうか？　彼らは，何かを誘おうとしたり，何かを訪ねようとしているのだろうか？　彼らは，楽しい気持ちや，不快な気持ちを表わしたいのだろうか？　あるいは，彼らは単に，聴覚的に，部屋を探索するために，自分自身の声の音声を聞きたいのか，または，はっきりとした動機がないまま，自動的に音声を発しているのか。視覚障がい者は，自ら音を立てることによって，自分のいる部屋の中を探索する。それは，音の反響を利用した探索方法の1つである。

　この事実を頭に入れて，次のように部屋を装備し始める。つまり，音を手段として，つまりBGMとして，あるいは部屋の雰囲気を作るものとしてではなく，それ自体を目的として使う。そのような部屋の中では，音はある特定の目的を念頭に置いて使われる。それは，ちょうどトントンと暖房機をたたく音が，1つの完璧な交響曲でもあり得る，ということを意味する。

人間の環境への完全なる順応：光，音楽，そしてさまざまな色

## 静かな部屋

　ここでもまたスヌーズレンのために使用されるどの部屋についても，外部からの好ましくない刺激をできる限り取り除くことが重要である。「静かな部屋」を設定することが有益であるということは示唆されてきた。私たちは，基本的に，座るか，横になるために，雰囲気のある照明と快適な設備だけを備えている部屋を思い浮かべる。そのような静かな部屋を設置することは考慮に値する。というのは，それは光以外に刺激がなく，そしてそれは大きな静けさを放つものだからである。この申し分のない安らぎはリラックスすることができる。しかし，それは威嚇的でもある。私たちはかつてこんな言葉を聞いたことがある。「静けさは，最高の音楽である」と。光の照明効果と結合しているにせよ，またはそうではないにせよ，ここでは，さまざまな音響効果を作り出すことのできる部屋の建設について考えてみよう。そのような部屋を作るための必要条件とは何だろうか？　あなたが音響によって密閉されていると感じ，すぐにその場から「逃げる」ことができないと感じ

音楽の部屋：各々の音楽は壁に映し出される光のカラフルな光景として視覚化される

る可能性があるので，あまり小さな部屋にしてはならない。部屋の広さとしては，幅20フィート[注3]（約6.1メートル），長さ25フィート（約7.62メートル）くらいの部屋なら完璧である。それと同程度に，部屋の高さも重要である。これが低すぎると，音響はあなたの上に直接「降りてくる」ことになるし，高すぎると，音響は空洞のように聞こえるかもしれない。どちらの場合も，その部屋は威嚇的になり得る。これに関連して，私たちも「音響効果」という用語を口にする。音響効果で重要な要素は，壁と天井を覆うこと，さらに装備品や器材，オモチャなどの存在である。何が音響効果を良くし，あるいは悪くするのかを述べることは難しい。音響は個人の非常に主観的な概念である。しかし，室内で試みることで，いずれは，音響的にいう心地良い部屋ができることになる。

　照明も，部屋の雰囲気にとって基本的な要素の1つと考えられている。完全に暗い部屋と同様に，部屋をうす暗くすることもできるので，調光器の使用を勧める。これについては「視覚の部屋」の項で，より詳細な情報が見られる。心地良い家具は，ここでは必需品である。特に財政上の資産にもよるが，まず第一に，温かく感じられるように床をカバーすることを考える。そして後に，柔らかな素材でできた座席装置方式を考える。音響効果をもたらすために，人間の声と感覚運動システムの可能性を用いることができる。この感覚運動システムとは，私たちの周りにある音を作るものに触れることである。電子機器を用いて，上述の可能性に特別な次元を加えることができる。どのような機器を考えることができるだろうか。次の節では，論理的な秩序に従って，代案について論じることにする。その器材が必要で，要望があれば，あるいは，ちょうど都合がよければ，誰でも自分自身で決めることができる。このことは，すべてその設備と利用できる財政上の資産に大きく依存している。

## アンプ〈増幅器〉とスピーカー〈拡声器〉

　図1参照。まず第一に，高品質なアンプとスピーカー（少なくとも2つ）がなくてはならない。もう一組の予備のスピーカーの音声が出せる出力つき

のアンプを買うといいだろう。

　これは，以下のことを可能にする。(a)部屋の中で，音声のより良いバランスを実現する。(b)本体のスピーカか，遠隔のスピーカーのどちらか一方に，またはその両方にスイッチを切り替えられるようにする。これは思いがけない効果をもたらす。しかし，これは，アンプがスピーカーの選択スイッチ（AかBのスピーカーの選択ができる）を備えている場合のみ可能である。アンプの能力は，部屋の大きさに合っていなければならない。これには規格があるが，オーディオ販売業者に教えてもらうことができるだろう。これらが部屋の大きさだけでなく，装備品やカーペットなどのような音声の吸収性のある素材にも関係することに注意すべきである。幅20フィート（約6.1メートル），縦25フィート（約7.62メートル）の大きさの部屋は，最小限，たとえば，最大出力2×40ワットのアンプが必要である。あまり小さ

1　増幅器
2　拡声器〈スピーカー〉A
3　拡声器〈スピーカー〉B
4　再生用のカセットテープ・デッキ
5　聴覚の部屋の音楽の録音と再生用のカセットテープ・デッキ
6　反響装置
7　送信装置マイクロフォン用受話器
8　照明灯オルガン
9　照らし出された壁
10　ワイヤレスのヘッドフォン用の送信装置
11　ワイヤレスのヘッドフォン
12　固定されたマイクロフォン
13　送信装置マイクロフォン
実線は，ケーブル接続を示す。
点線は，ワイヤレス接続を示す。

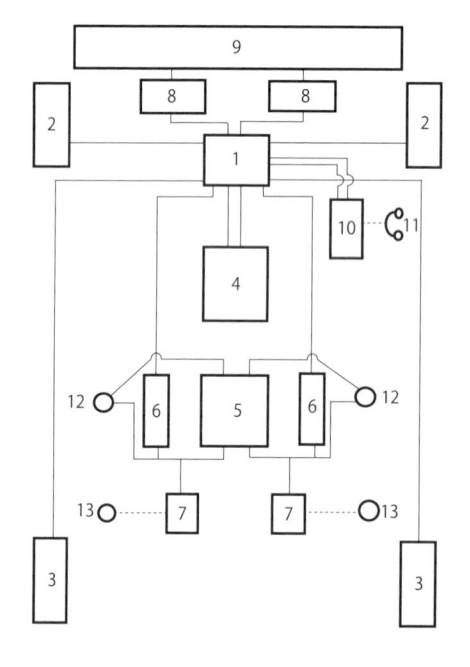

図1　聴覚の部屋で使用する器材の図

な電力でアンプを使用することは，器材に過負荷をかけ，歪みを引き起こす。そしてそのことで，アンプまたはスピーカーは損傷を受けるかもしれない。スピーカーの電力は，アンプの電力よりも大きくしなければならない。この場合，それぞれ最大出力60ワットのスピーカーということになる。スピーカーが耳の高さのコーナーに置かれれば，あなたは音響を最も楽しむことができる。スピーカーの角度は，その部屋の長さと幅に依る。しかし，私たちが，部屋の中にあるすべてのものに触ってみようとする知的障がいのある人々とスヌーズレンを行う場合は，彼らが手の届かないような高さにスピーカーを置くのがいい。もう1つの理由は，利用者が聴覚の障がいをもたらす可能性のあるスピーカーに対して彼らの耳を近づけるのを防ぐためである。アンプとスピーカーはすべての電子機器の心臓部に当るので，品質と使用可能性に関しては，それらを節約しないことを勧める。使用可能性とは，幅広い音色調節などを意味する。

## レコード・プレーヤー

ほとんどの施設は，レコード・プレーヤーを備えている。レコードを使うことの長所は，音楽作品を見つけやすいということである。しかし，特にそれらが利用者の手の届く範囲内に置かれると，レコード・プレーヤーはかなり壊れやすい。テープに音楽を録音する方がずっといい。ディスクから録音すれば，最近のカセット・デッキは品質が非常にいいので，音声の質は最小限度の損失で済む。ただ，雑音とひずみを避けるために，質の良いレコードと高解像度のテープを使うべきである。（録音）テープは長い寿命を保ち，容易には損傷しないが，長い目で見れば，摩耗し，時々損傷もする。もう1つの利点は，カセットテープはレコードよりも収納にスペースをとらず，ほこりもつきにくいことである。

## カセットテープ・デッキまたはカセットテープ・レコーダー

この2者間の違いは，前者には内蔵アンプとスピーカーが付いていないと

いうことである．テープを録音して再生するためには，アンプに接続していなければならない．最高10の録音テープ用のメモリ容量を持っているカセット・デッキが市販されている．しかし，この種のデッキはテープを録音するのに使うことができない．私たちは，カセットテープ・デッキの何を必要とするのか？ 私たちは，コンピュータが内蔵されていて，いつでも聞きたいと思う曲を再生することができるように，音楽の各々の作品にコードを記すことができる通常のデッキを選ぶ．選択的に働きたければ，このことは最も重要である．かなり頻繁にテープを変えなければならなくなるので，良質なデッキを買うといい．自動で逆戻りに切り替わり，無限に同じ録音テープを繰り返すことができるデッキがある．このシステムには，職員が常に器材を操作する必要がないという利点がある．このことを考慮するならば，カセットの容器の付いたデッキには，さまざまな可能性がある．それは，90分テープ10本を続けて再生できる．つまり，15時間操作しなくてもいいのだ．その装置はそれ自身でテープを替えて，記録していない部分を省くことができる．つまり，10本のテープを，飛ばす順番にデッキにプログラムできる．このプログラムを停止することもできる．たとえば，ある特定のテープを飛ばしたり，ある一節を繰り返し聞きたいと思ったら，それが可能である．音楽の断片はコード化できないので，音楽作品の一部を選択することは不可能である．あなたが熟練者である必要はない．操作は簡単なので，このような自動装置は非常に便利である．それはスヌーズレンルームの静けさを作るためにも有益である．

　2番目のデッキまたはレコーダーを使うことは，より大きな可能性をもたらすかもしれない．たとえば，部屋の中での利用者の音声と音楽に対する反応を記録することができる．そうすれば，私たちはこれを逆戻しして再生することができ，利用者のさまざまな反応を観察することができる．


### ヘッドフォン

　ヘッドフォンの使用は，ぜひ勧めたい．ヘッドフォンはあまり費用がかからなくて，確かに非常に貴重である．音声と音楽は，スピーカーを通してよ

りも，ヘッドフォンを使用することによって，音声は耳のより近くで再生されるので，一層集中して聞くことができる。普通のヘッドフォンの不利な点は，ワイヤーコードが付いているので，それにつまずいたり，それで遊んだり，それを噛んだりしてしまうことである。この簡単な解決方法は，長い渦巻き状の延長コードを天井から吊るして使うことである。もしそれを動かしたければ，カーテンレールを使うことができる。カーテンリングにコードを通して使えばいい。複数のヘッドフォンを連結したければ，特別な連結ボックスが入手可能である。

　この厄介なコードを使いたくなければ，大変実用的な解決方法がある。ワ・イ・ヤ・レ・ス・・ヘ・ッ・ド・フ・ォ・ン・を使うことである。特別な送信装置をアンプに接続して，部屋の中のできるだけ高いところに置く。この装置は，ヘッドフォンの中の受信機に信号を送る。受信機と送信機が正しく調整されていれば，受信は部屋全体で良好なものになる。また，その場所と器材の品質によっては，その音声は雑音のため，あまり良くないかもしれない。送信機の射程距離はとても短いので，部屋の外には邪魔にならない。もう1つ指摘したいポイントは，ヘッドフォンを連続的に使用すると，ヘッドフォン内の受信機は，間違いなくかなり多くのバッテリーを消費するということである。その代わりに，充電式バッテリー（蓄電池）を使うことである。これらのバッテリーと充電器の購入費用はかなり高いが，長い目で見れば，採算が取れることになる。充電式バッテリーは，スヌーズレンルームで，他の装置のために使用することもできる。実践の結果，バッテリーを1日平均8時間使ったら，バッテリーを毎日再充電しなければならないことがわかった。

　2種類のヘッドフォンが市販されている。両耳と軽量のヘッドフォンをカバーする大きなキャップのついたヘッドフォンである。この大きなヘッドフォンには，邪魔されずに聞くことができるように，外側からすべての物音を排除する利点がある。そして，それは聞く楽しみを高めるだけでなく，集中力も高めてくれる。短所は，それがかなり重いということである。そして，利用者は，とりわけ頭に決して何もつけたくないという人は，それらを少し嫌がるかもしれない。またワイヤレス・ヘッドフォンも，内蔵レシーバーとバッテリーのため，この範疇に入る。軽量のヘッドフォンもある。そ

して，ウォークマンもしばしばこれに含まれる。軽金属の留め金が，部分的にだけ耳をカバーする2つの小さな本体をつなぐものである。短所は，その脆弱性と外側からのすべての物音を排除するというわけではないということである。

## ヘッドフォンとその代替手段の使用

　ヘッドフォンは，その大きさと重さのため威嚇的な面もあるが，注目すべき面もある。ステレオ装置を使うことは，左右のチャンネルから2つの違った信号が出ることである。これは，1つの信号しか持っていないモノタイプ装置と対照的である。スヌーズレンルームを訪れる利用者は，ステレオ装置から2つの違った信号を聞くことになり，これは興味深くもあるが混乱もする。こうして，より複雑になったヘッドフォンを使用することで，このような効果を得ることができる。利用者がステレオの音によって混乱するのがわかったら，アンプをモノに切り替えることができる。アンプには，取っ手が付いていて，モノからステレオに，またステレオからモノに，音を中断することなく切り替えることができるものもある。加えて，良いモノは悪いステレオよりもずっといいといえる。

　では，頭にヘッドフォンを着けようとしない利用者にはどうしたらいいのだろうか。これはすべて利用者のレベルと行動次第であるが，この問題を解決するために，まだいくつかの提案をしたいと思う。利用者に，少し離れた2つのスピーカーの間に座ってもらう。これらのスピーカーを通して，利用者に快適な音量で，お気に入りの音楽を聴いてもらう。そして，次第に2つのスピーカーを近づけていく。もちろん，スピーカーが利用者により近くなるに従ってボリュームを落としていくことを忘れてはいけない。利用者が自分のすぐ近くにあるスピーカーを我慢して受け入れて聞いているようだったら，ヘッドフォンを持って利用者に近づくチャンスである。あなた自身ヘッドフォンを耳に着け，まず少し離れたところから利用者がヘッドフォンから音が聞こえるようにした後，彼の頭にそのヘッドフォンをうまくセットすることができるかもしれない。最初は，ヘッドフォンを彼の頭から少し離し

て，耳は完全にはふさがれていないようにする。利用者に音量でダメージを与えないために，必ず，最初は自分がヘッドフォンを着けて，音量をテストしなければならない。座席装置と柔らかい床にスピーカーをセットすることもできる。座席装置には，大体耳の高さにスピーカーを備え付けなければならない。その装置は，聞き手が2つのスピーカーに挟まれてしまうほど，狭いものであってはいけない。スピーカーのダメージを防ぐために，小さい穴の開いた板で保護しなければならない。スピーカーを横に倒して備え付ける時は，とがった角や刃先のない強い箱の中にしっかりと入れ込むようにする。その箱の上には湿気などからスピーカーを保護するために，穴の開いたプラスチックのふたをするといい。こうした構造は，利用者が音源に向かって装置を横切ることを可能にする。

## マイクとその使い方

　1本または複数のマイクを使うことは聴覚の部屋で新しい可能性をもたらす。基本的にマイクをアンプの中に差し込んでつなげることができる。どのタイプのマイクを使ったらいいのかは，業者の人に尋ねるといい。たとえば，マイクの抵抗の大小で大きな違いがあるからである。もし，適切なタイプを使わなければ，ほとんどあるいは，まったく聞こえないか，音をねじ曲げてしまうかもしれない。高品質な録音をしたいのでなければ，そう高価でなくて平均的な品質の信頼できるマイクを選ぶことである。

　時間が経つと，多くのマイクは，落としたりもて遊んだり吸ったりしてしまうために埃（ほこり）がついてしまう。利用者の胸の前にマイクを構えると，彼は，それをまず何か食べられるものとして見るだろう。それはちょうどアイスクリームのコーンか何かのように見えるからである。防水のマイクはほとんどないので，間もなく，あるいは，すぐにダメになってしまう。従って，安いマイクを買って，このルールを守るのがいい。高いマイク1本の値段で，安いマイクが3本も買える！　長い目で見ると経済的である。今まで聴覚の部屋の利用者の役割は，聞いているだけ，というかなり受身な存在であった。マイクを購入することで，利用者に活動的な要素をもたらした。重度知的障

がいのある人々は，ほとんどわずかしか声を出せず話すこともできないが，まったく音を出せないという人はほとんどいない。私たちが利用者の胸の前にマイクを構えてそれを扱う時間を与えると，彼はやがて，それを軽くたたいたりこすったりした音が，マイクを通して返ってくることに気づくだろう。私たちは，重度知的障がいのある人々が，比較的早く，物事の因果関係に気が付くことにしばしば驚かされる。彼らの初めての小さな叫び声が，スピーカーを通してより聞き取りやすく拡声された時，その行動を止めることはできない。彼らがヘッドフォンを受け入れた時，より素晴らしい効果が得られる。彼らは，2つのマイクを使ってステレオ効果を作ることもできた。言葉を発せられない人々のために，音響の部屋に彼らが使用できる，いくつかの道具を準備しなくてはならない。いわゆる Orff と呼ばれる道具のセット[著者注]は，ここではすぐれた解答を示してくれる。

　専門的にいうなら，マイクの使用は，ヘッドフォンと同じような問題がある。つまり，つながったコードの存在である。簡単な解決法は，天井や壁やカーテンレールのフックからコードを使ってマイクを吊るすことである。利用者の上に比較的高くマイクを吊るせば，かすかな信号をも拾って，とても良い感度でマイクを使うことができる。それでも，これらのマイクにはいくつかの問題がある。とても感度が良いために，スピーカーからの雑音まで拾ってしまう。そのためフィードバックを引き起こす。その結果，信号の回線は，音量を落とすことでしか止めることができないハイピッチな音を作る。もちろん感度の良くないマイクは信号を拾わないが，そうなると音量を上げることになり，フィードバックの原因になる。マイクロフォンを隠すことも役に立たない。それは聴こえ方を変えてしまい，しばしばより悪い結果をもたらす。一番良い改善法は，マイクをスピーカーからできるだけ離して吊るすことだと思われる。より素晴らしいステレオ効果を得るために，それぞれをできるだけ離して，マイク（スピーカーだけでなく）を吊るすことも大切である。部屋が小さく，スピーカーとマイクの距離が近ければ近いほど，結果的にフィードバックがより速く起こる。フィードバックは次の2つの理由で避けなければならない。(a) 特にヘッドフォンを使っている時，その性質と大きな音に，利用者は脅威を感じる。（b）フィードバックはいつ

もボリュームが大きくなるので，負荷がかかりすぎ，スピーカーとメインアンプは重大なダメージを引き起こす。より狭い聴覚の部屋では，早い反応が得られるが，より広い聴覚の部屋では，しばらくしてからフィードバックが発見されるということが起きる。

　技術的ダメージはこれらによって引き起こされる。そのようなリスクを避けるために，電気の安全装置をアンプに組み込むことができる。しかし，これはしばしばむしろ労働集約型で，費用が高くつくものである。もしマイクコードを取り除きたいなら，その解決法は，ヘッドフォンの場合と同じである。テレビ番組で使っているような・ワ・イ・ヤ・レ・ス・マ・イ・クを使うことである。ここで，回線を反対にするマイクはとても小さなバッテリー能力の送信機がついている。受信機は信号を記録し，アンプを通してこれらをスピーカーに送る。このようにして，マイクが拾う音がスピーカーのアンプを通して聞こえてくる。ここでもまた，あまり高価でないマイクを使う。マイクは単方向であることが好ましい。それならフィードバックの問題もなく，音が部屋中に行き届く。スタジオ品質の既製品のセットがあるが，これは，しばしばかなり高価である。安価に抑える方法がある。近くの電気店から情報を入手することである。既製のセットまたはＤＩＹセットを購入する場合，部品・マイクと送信機を頑丈な容器に入れて，全体を壊れにくくすることが重要である。ボタンマイクは購入しないこと。ボタンマイクは品質は優れているが，利用者がそれを口に入れたら，大変なことになる。

　ワイヤレスマイクの大きな利点は，利用者が自分の好きなところにいられることであり，その特質は自分の手の届くところにあることである。また，これは部屋の中で静かにしているには便利である。自由に使える２つの送信機マイクを持っている場合，ステレオ効果を利用することができる。ここで前述したステレオに関する所見も忘れてはならない。ヘッドフォンもまた使用することができる。ヘッドフォンの別の利点は，スピーカーがオフに切り替えられた時に，フィードバックの危機をかなり遅らせることができることである。２つのワイヤレスマイクの購入に費用がかかりすぎる場合，すべてのスピーカーが信号を再生する１マイクロフォン・モノラルを接続することを勧める。

## 反響音装置

　周知のことだろうが，自分の声を録音し，それを再生した音声を聞いた時，自分の声であると認識することはほとんどの場合ない。私たちは，耳と頭の空洞部分に生じる振動を通して，自分の声を聞く。これは，音声器官が喉頭に位置しているという事実によって起こる。口腔，鼻腔，咽喉と耳は近くにあるので振動が重なる。他の人は私たちの声を耳からのみ聞き，内部共振ではなく外部からの振動のみを聞く。つまり，「外から自分を見る」ことは困難なのである。私たちは多くの叫び声のような音声のテープを逆戻しして再生すると，「その声は私？」と驚嘆の声をあげる。何回もそれを聞いていると，誰か知っている人の声に聞こえてくる。

　時が経つうちに，私たちは，聴覚の部屋の中と外の両方でも利用者の声を録音した。特に，重度障がいのある人々は，自分の声を聞いてもそれが誰の声かがわからないかもしれない。このレベルの入所者はほとんど話し言葉を使わないか，または使えても，その多くは非常に限定されている。このことは，エコー装置で実験するというアイデアを与えてくれた。エコー装置を使ってさまざまな音響効果を作り出すことができる。たとえば，「ジョン，ジョン，ジョン，ジョン」とエコーを徐々に消していくことができる。または「ジョーーーーーーーーン」と反響を徐々に消していくことや，エコー装置は複数のマイクを同時につなぐことができる装置である。出力信号は，導線を通してアンプに送られる。その装置は，感度の異なる複数の入力と出力を持っているので，どんなアンプにも，さまざまなタイプのマイクにもつなぐことができる。それは，たとえば，エコーや残響の数と長さを制御することもでき，多くの可能性を持っている。また，ボリュームとバランスの制御スイッチもついている。システムが過負荷になった時に小さな赤いLEDが点灯すると，それが完了する。音声に「つづく」声を録音するにはいくつかの方法があるが，あなたは自分の言っている1秒の何分の1遅れで音声の断片の繰り返しを聞いている。あなたが完全な文章を話したいと思っても，言葉につまずいてしまう。なぜならスピーカーやヘッドフォンからの音声が自分の声と同時に聞こえるからである。重度知的障がいのある人たちは

大抵音声や言葉を発することに制限があるので，このことは問題にならない。エコー効果は，彼らに自分の音声を使うことを奨励する。

　これは，彼らにとっては思いがけない貴重な体験となった。マイクを使用することは特別で，このことですべてを乗り越えた。彼らは以前よりももっとがんばって音を出そうと努力した。彼らは驚き，仰天し，時には怯えさえした。より多くの実験をし，その新規性に慣れていくにつれて怯えるという感情は少なくなっていった。ステレオでの作業を可能にするために，2つのエコー装置が必要である。これらによって1つのチャンネルではエコー効果を，他のチャンネルでは通常信号を使うことができる。その上，たとえば「コンピュータ」の音声とSFの音声，この2つの装置の信号を混ぜ合わせることによって，エコーと反響以外にも他の効果を作ることが可能になる。ヘッドフォンを使うなら，自分の声を聴くことがよりワクワクするようにさえなる。自分の声を使うことができない利用者は，たとえば楽器を使うことができる。


## 光と音との組合わせ

　聴覚の部屋では，音が中心的な位置を占めるが，それに別次元の光を加えることは興味深い。私たちは，近年，このことに関してかなりの経験を得ているので，ここで議論したいと思う。目的は，より深く理解してもらうために音を「見える」ようにすることである。これまでは，一度に1つの感覚を選ぶことを主張してきたので，これは矛盾するように思われるかもしれない。時に，光と音のような組み合わせを提供することが，複数の感覚に対応する利用者の知覚に訴えることが明らかになった。まず，この組み合わせを実現するのに必要な機器を取り扱うことにする。

　いわゆる「光のオルガン」を使う。基本的には2つのタイプがある。それは，(a) 3つか4つの別々の回路に共通した，または特別な電球を接続できる装置と，(b) 3つか4つの違った色の光が固定されている円柱の2種類である。音が鳴ると，電球が光る。それらが明るくなる強度は頻度と音量に依る。また，音は内蔵マイクによって拾い上げられ，電流に変換される。その

ような装置または円柱も，アンプかラジオの出力に接続することができる。両方とも，スイッチで調節でき感度の変わる3つあるいは4つの異なる入力を備えている。スイッチは，高いトーン（高音）（3倍）用，ハーフトーン用および低いトーン（低音）用がある。ここでは比較的安価な設備について話しているので，周波数範囲の分離については，あまり期待しないでほしい。しかし，私たちの目的にとって，この装置は最適である。円柱のランプは互いにかなり近くに配置されているので，視覚的に異なる周波数範囲を区別することがほとんどできない。別々の装置で作業することはより多くの可能性を提供する。それについては，これから詳細に述べることにする。

## 光で照明された壁

たとえば，天井と床の間に固定した木製画面に，私たちが2つか3つのランプを取り付ける。この装置が3つの周波数範囲に信号を分割することができるとしたら，それから3つの異なる色のランプが光ることになる。グループごとに複数の明かりを持つこれらのグループを拡張すれば，効果音は音響の部屋の高さに応じて強くなる。明かりと明かりの間の距離は12インチ（30.48センチメートル）以上は必要である。

青色や緑色の暗い色は低音，赤色や紫色は中音，黄色やオレンジ色は高音を表現すると想定して始める。どの場合でも異なった周波数をはっきりと示すコントラストのある色を選ばなくてはいけない。このようにセットすることから始めると，色の配列はより深いものになるだろう。個別の周波数範囲の概念を完全に放棄する場合，より多彩なものを作ることができる。同じ色のライトは平行につなげなくてはいけない。実験は，電球のパワーがいくつであるべきかを教えてくれるが，いずれも60ワット以下ではいけない。その装置の最大値もチェックしてほしい。結局は部屋の大きさ次第であるが，不十分なパワーの電球を使うと，しばしば効果がなく失敗することがある。図2参照。このようなライトボード（照明板）が操作された時，光の海をのぞき込むのは必ずしもいい気持ちがするとは限らない。それを良く引き立た

せたければ，壁から1ヤード（約0.91メートル）のところに，シートを張るといい。シートは弾力性のあるコードを使って壁や天井のリングに固定することができる。これはシートをしっかりと張ることで可能になる。

すべてのコーナーに，それぞれが明かりのオルガンを持つライトボードを置いて，それぞれがステレオの音をアンプの出力につなげると，音響もはっきりとしたステレオになる。2つの「チャンネル」の間にスクリーンを置くことで，信号の重なりを避けることができる。ステレオ効果は，この方法でさらにより明確になるだろう。

もし，明かりが脇からもれて気になるのを防ぎたければ，それらを仕切るといいだろう。ライトボードの後ろやそばにある鏡はその効果を高める。わずかに鏡を動かすことで，いろいろな種類のシート反射を得ることができる。

どの店でも売っているカラー電球を使うことができる。これらは特に高価

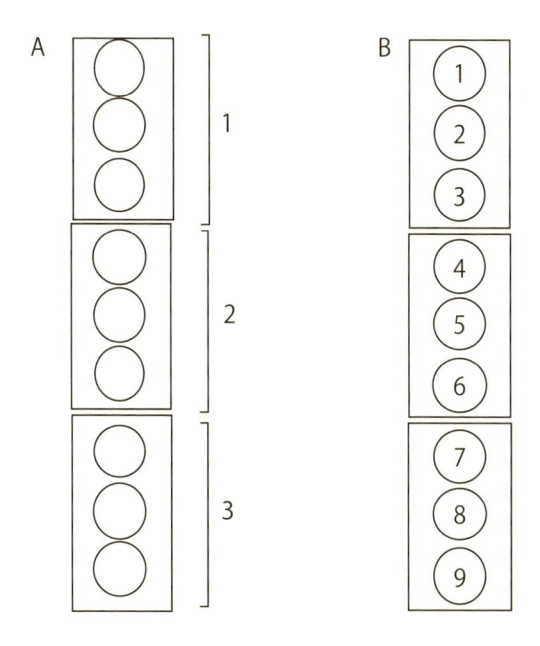

選択A：1. 黄またはオレンジ
　　　　2. 赤または紫
　　　　3. 青または緑
選択B：1. 黄　2. オレンジ
　　　　3. 赤　4. 紫　5. 赤
　　　　6. 紫　7. 青　8. 緑
　　　　9. 青

図2　光で照明された壁の明かりパネルの配置

ではないが，比較的寿命が短い。カラーコートはかなり早く消えてしまう。ガラス電球に色を保つように熱処理したものはそうではない。しかし，これらはとても高価である。火事を防ぐために，熱気球用に作られた布を使うことを勧める。布の上部だけを固定し，生地が波立つようにその背後にスイングファンを置くと，非常に素晴らしい効果が得られる。海の音の音楽を流すと，部屋全体に格別な雰囲気を与えてくれる。布の前に，背景として雲や砂丘や海の景色などのプリントされた別のスクリーンを置くことができる。透き通った布を使うことは光の強度を減らすが，セット全体をより心地良いものにしてくれる。

　高価な明かりのオルガンは，視覚的にはより多くの可能性がある。感度もいい。調整にお金がかかる。ストロボライトのように利用者がてんかん発作を起こす可能性があり，勧められない効果もある。おそらく，確実な頻度のリズミカルな光の瞬きが原因となっているのだろう。私たちの経験から，まず始めに，より安価な明かりのオルガンでの実験を勧める。

　これまで述べてきた装置には，どんな可能性があるのだろうか。今まで聞こえるだけだった音楽は，スクリーンに光を当てることによって，今，目に見えるようになった。どんな音楽を使えるのだろうか？　基本的に，声楽曲でも，器楽曲でも，どんな音楽でもいい。しかし，それはすべての音楽が適しているということを意味してはいない。なぜなら，私たちは，リラクゼーションの1つの形としてとらえているので，もちろん，落ち着いた音楽を選ぶことになる。音量のはっきりとしたコントラストの強い音楽は騒々しく聞こえる。部屋に利用者が誰もいない時，異なった音楽作品の効果を試してみてほしい。音楽を視覚的に認知することができるだけでなく，マイクで拾った音も視覚的に認識することができる。視覚効果は非常に大きな誘因となる。中には大きな声で叫んで可能な限り強い光効果を作っている利用者がいる。エコーと残響のおかげで，色は「いつまでも残る」。一番興味のある効果は，スクリーンを「視覚的に動かない」ものにすることができることである。完全に静かになった時，すべての光は消える。咳払いやささやき声がスクリーンを光らせる。完全な暗闇では恐怖を感じることを忘れてはならない。こういう様子が見られたら，メインとなる光のスイッチを入れ，調光ス

イッチを使って少しずつ明るさを保ち，明るさが「爆発すること」を抑えることができる。前述したように，声を使うことができない利用者は楽器やその他の器具を使うことができる。

　アンケは12歳で，音に夢中になっている。彼女は音楽の特定の部分を聞くと，数日間ハミングを続け，彼女独自のバリエーションを作る。スヌーズレンルームの中で彼女はいつも効果音が作れる部屋へ直行する。彼女はヘッドフォンを手にとって，それを頭にしっかりと取り付ける。そして，彼女はソファーに座り，あらゆる種類の音を作る。アンケが作り出す音によって光で照らされた壁が一連の色に点灯する。時々，彼女は少しの間じっとしている。スクリーンは真っ暗のままである。彼女は何かが起こるのを待っているようである。慎重に彼女は再びかすかな音をたて，そしてさらに大きくて速い音を試す。そして，突然彼女は止めて再び待っている……。


## 振動する床

　図3を参照。私たちは音は聴覚でのみ感じるのではなく，触覚でも感じることができることを前に述べた。皮膚，骨，筋肉，その他の多くの器官は，音の振動を認識することができる。聴覚効果と視覚効果に加えて，触覚的な方法で利用者に音を経験させることができる。重度知的障がいのある人々との接触において，彼らが振動するすべてのものによって魅了されているのを何度も何度も見てきた。彼らが太鼓の表皮に耳を置く様子を見て，確かに音をよく聞くことはできないが，彼らが振動を感じているのがわかった。聴覚障がいのある女の子が，誰かがたたくシンバルに指を置くのを見ることがある。彼女は，自分自身の独自の方法で，音を「聞く」ためにこのようにしている。視覚障害のある人もまた音の振動の反射によって，その環境を認識している。

　生まれたばかりの赤ちゃんが，まだ子宮の中にいる時でも，まず最初に，触覚を使って自分の周りを探検し，振動を感じていることは，周知の事実で

ある。触覚によって振動を感じることが基本的な前提であると考えるからである。私たちは，振動する床でこれを実現することができると考える。まず，パワーのあるアンプと適切なスピーカーを必要とする。これらのスピーカーは，高出力を出すために十分強力なものでなければならない。それらは，振動源となるからである。

　スピーカーは，同時に，座ったり，横になったりするための装置の共鳴箱に取り付けられる。その大きさは利用できるスペースと財政的資産に依る。ここでは，幅7フィート（約2.13メートル），縦14フィート（約4.26メートル）の振動する床を使う。床は，横になった時に振動を感じることができるような大きさであることが非常に重要である。この方法では，（振動音の）高低のトーンを区別することもできる。振動する床のための場所を選ぶ際，床がその周囲に共鳴するのは可能な限り小さな損失になるようにする。これは，ゴムまたは金属で支えた上に共鳴箱を取り付けることによって実現できる。あなたは，音がしっかりと聞こえなければならないという印象を持っているかもしれない。確かにそうである。しかし，音は振動する床の中のス

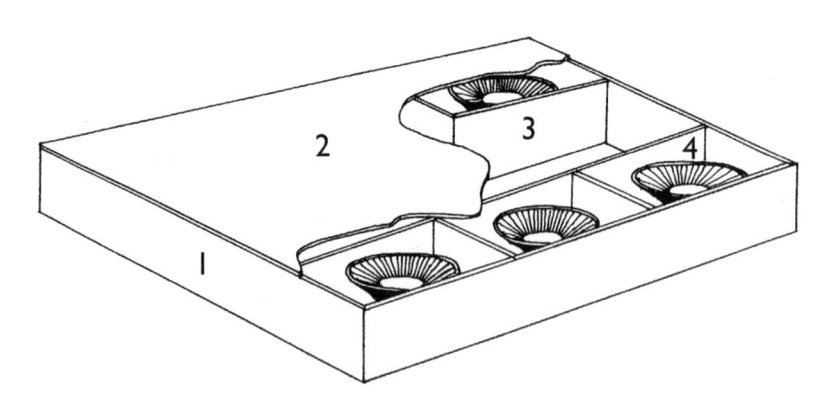

1. 共鳴箱の大きさは特定の設定に依存する
2. 床板は共鳴箱にネジで固定されている
3. スピーカーの仕切り
4. スピーカーの本体

図3　振動する床の下の様子

ピーカーを通して伝わってはこない。音が「漏れる」ことがないように構築されるべきである。スピーカーは，ここでは音の発生源ではなくて，振動の発生源である。私たちが音を聞きたい時は，通常のサウンドシステムで聞くことができる。私たちは，今まで，聴覚の部屋で，音が聞こえて，さらに見えるようにした。私たちは，今，振動する床で，今や音を知覚することもできる。音の上記の諸側面の組み合わせは魅力的な経験になりうると繰り返すが，しかし，利用者の手に届くところに置くには，全体があまりにも複雑になるだろう。またさまざまな振動する床は，振動する壁にもすることができる。原理は同じである。

## フットチャイム

### 概要

フットチャイムは音楽家アルフォン・ファン・レジェロのアイデアであった。これは，すべてのピッチ（音の高さ）が異なるチャイムが固定されている9つの正方形（1辺が1フィート＝30.48センチメートル）の土台のことである。飛んだり跳ねたりすることによってチャイムの音が聞こえるように作られている。これらのフットチャイムは，物理的にメロディを作り出すことができない重度知的障がいのある入所者のために，同じような楽器を設計するためのアイデアを私たちにもたらしてくれた。このグループの目的は，彼らの動きが「聞こえる」，「見える」ようにすることで，彼らに動くことを奨励している。スヌーズレンルームの床に，このようなチャイムを構築すれば，利用者は自動的に床の上を単に歩くことによって引き起こされる効果に出会うだろう。この種の入所者は，ほとんど，あるいは，まったく自分の動きと音との関係を認識しないかもしれないが，私たちの目的はすべての利用者が自分自身のやり方で楽しむようにすることである。私たちは，足と手の両方に反応するように開発されたフットチャイムを望んでいた。さらに，その構造は非常に強固でなくてはならなかった。安全が第一条件である。そのため，重要な部分は保護され，全体は14ボルトの電圧で作動する。

重要なもう1つの問題は，フットチャイムにかけられる費用には限度が

あった。そのため，私たちは，単純なドアベルを使った。電子音は，もちろん本物の金管楽器のチャイムにはかなわないが，一方で，それは大きな特別な可能性を持っていた。

フットチャイムの説明と動作〈図4参照〉

フットチャイムは（a）土台と（b）壁パネル，の2つの部分で構成されている。

（a）土台は9つの木製タイルで構築されている。タイルの寸法は約1フィート4インチ（40.64センチメートル）四方である。土台にはタイルの下に重要な役割を持つスイッチが装備されている。タイルの下にバネではなく発砲ゴムを使用しているので，エッジを含めてどこでも押すことができる。同じシステムは壁パネルにも使用されている。それぞれのタイルは静かにしている時は，アルミニウムの小板で固定されている。チャイムが鳴らされた

フットチャイム　突然，ベルの音が鳴り，ランプが光る。驚くことに，もう一歩踏み出すとまた違う音がする。

第3章　日々の実践におけるスヌーズレン

時，タイルがカタカタと音が鳴るのを防ぐために，アルミニウムの小板の下に目詰め材を入れる。私たちはできるだけバックグラウンドノイズ（暗騒音）を少なくしたかった。

（b）壁パネルに多数の（筒型）ドアベルが備え付けられている。それぞれのベルにはベルが鳴った時に点灯する小さな電球が付いている。これらのドアベルは，間に鳴子がついている2つのチューブから成る。それらは，いわゆるカランカランという鐘の音を作り出す。2つのチューブのうちの1つを使う。異なる音の高さはチューブを異なる長さに短くしていくことで実現されるが，とにかく，これは実に精密な仕事である！　耳でチューブを調整することは困難である。エレキギターチューナーを使うことをお勧めする。

さらに，一緒に近くに配置されたミニキーボードのような形をしたプッシュボタンの列がある。ボードの下に木のパネルがあるのが見える。それぞ

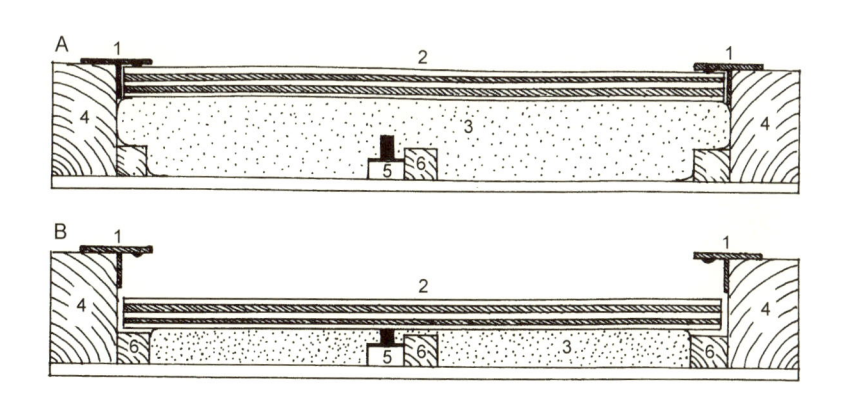

A：休んでいる場合　B：活動している場合
1.「カタカタ」を防ぐためのゴムの小板のついたアルミニウムの小板
2. 耐水合板で作られたタイル
3. タイルの対抗圧力としてつめているポリエーテル
4. タイルを取り付ける枠の木の板
5. マイクロスイッチ
6. マイクロスイッチを保護する木の支え

図4　フットチャイムの一平方の断面

れのパネルの後ろにとても敏感なマイクロスイッチがあるので，接触するのにほとんど力はいらない。モーターシステムをうまく使えない利用者は，このキーボードを操作することが難しいので，彼らのためにパネル（それぞれ6〜8インチ（15.24〜20.32センチメートル）の長さ）をつけることを考えた。ミニキーボードは，職員が使うために作られ，職員は，この小さな「ピアノ」でいくつかの音を魔法のように鳴らすことができるようになっている。壁板は必要なら，木枠にパースペックス（飛行機の風防ガラス用の透明なアクリル樹脂）のシートでカバーすることができる。音階を構築する時は，最長のチューブ（管）の長さから始める必要がある。このチューブが，あなたの音階の最初の音を決める。ピアノのC（ド）で始めた時，主な音階を再生すると8つの白いキーが再生される。この音階を使用する場合，可能

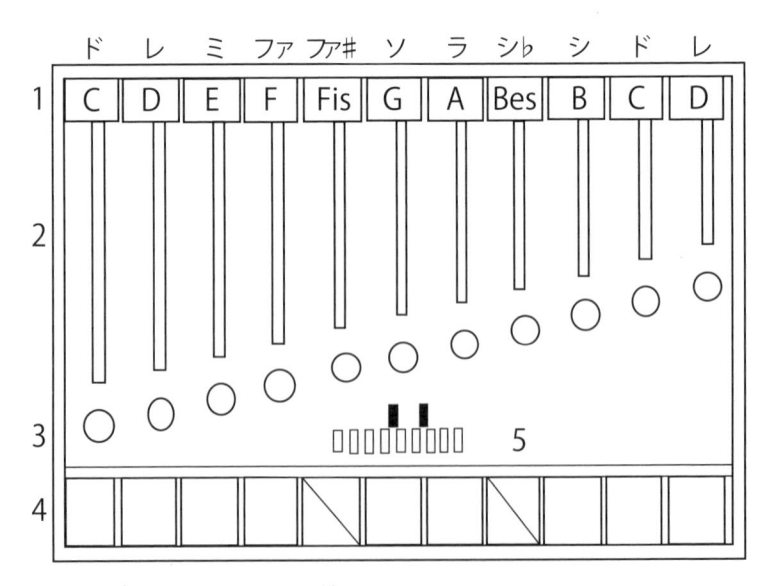

1. ピッチが示されている電気ドアベル
2. 金管楽器の管は適当な音の高さに調整されている
3. 電球はベルの音とマッチしている〈組み合わさっている〉
4. フットチャイムと同じ色のコードで塗装されたハンド操作パネル
5. 押しボタン式の「ミニキーボード」

図5　壁の正面のフットチャイムと一緒に作動するパネル

第3章　日々の実践におけるスヌーズレン

性が多少制限される。11のベルがあるのでC（ド）の音階から始めて，図5に示すように配置した。

　別の音階で再生するために，B（シ）フラットとF（ファ）シャープを入れた。これで，たくさんの曲の再生が可能になる。この目的のために，キーボードは白色ボタンの上に2つの黒いボタンを配置して延長した。そして，2つの木製パネルも同じ理由のために色を塗った。

　図6を参照。利用者のほとんどは能力が限られているためにフットチャイムを使用するのだろうから，これらについての音楽的な可能性を制限した。9つのタイルのみを使用し，フットチャイムは基本的に1つの音階プラス2つの余分なトーン（音）を作り出す。それらは実際に基本的な要素を構成し，それだけではなく，たとえば，シンセサイザーか，またはそれに類似

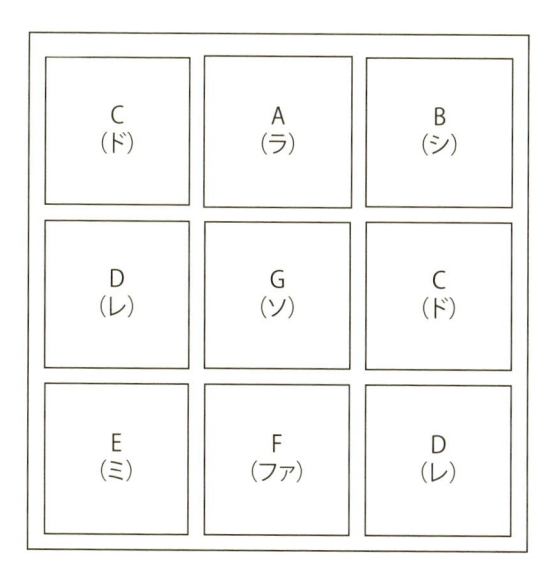

| C（ド） | A（ラ） | B（シ） |
|---|---|---|
| D（レ） | G（ソ） | C（ド） |
| E（ミ） | F（ファ） | D（レ） |

異なるトーンでタイルは次のような色である：C－青，D－赤，E－黒，F－黄，F♯－紫・黄，G－紫，A－オレンジ，B♭－緑・オレンジ，B－緑
　これは現在の国際的コードである。一貫したシステムに従っていれば，他のコードももちろん可能である。クラシック音楽の表記法を使用する可能性がない場合，このカラーコードが使われる。

図6　フットチャイムのプラットフォームを上から見たところ

した装置につなぐことができる。足と手のパネルとライトの透明なキャップは，特定のコードの色で塗る。このカラーコードは，実際にチャイムが演奏された時にのみ機能する。左から右にトーンが上がると，同じパターンでキーボード上でライトが点灯するので上昇音列は視覚的にも聴覚的にも観察することができる。もちろん反対の場合も同じである。別の可能性は，左右の壁板にマイクを設置し，ステレオアンプにこれらを接続することである。これは，左から右へと音の上昇をよりはっきりとさせる。このように，チャイムの演奏には，(a) 足パネルで，(b) ボード上のボタンで，(c) ボード上のハンドパネルで，という3つの方法がある。たとえば，利用者が手や膝を動かし，腕がブルーのタイルに，膝が赤のタイルに，もたれることも起こるかもしれない。最初に一緒に2つのトーンが聞こえ，もし利用者がポジションを変えなければ，それが繰り返される。職員が別のタイルに立ったり，ボードのボタンを押したりすることで，2，3のトーンを加えることができる。別の例では，利用者がタイルの1つに立った際，職員がボード上の音で即興演奏をすることができる。ボタンは短く押すことを忘れないことである。そうしなければ，トーンは繰り返されてしまう。もし，その音を一回だけ聞きたければ，それをひとたたきする。もし，長く続けて聞きたければ，ボタンを押し続けるといい。

技術的な業務

変圧器によって鳴らされるベルは，スイッチを押すことで操作する。1つのスイッチを押すと，それに合ったベルの音が一度鳴る。直列につながれているので，ベルの下のライトが同時に光る。これは，ボタンが押されている限り長く光っているために，いわゆる「バイメタル」という通常の電球ではないものを使っている。電球の熱のために，電気がついた直後に再びスイッチが切れる。冷えるとスイッチは再びONになり，ボタンが押されていれば，またベルが鳴る。

高速でベルを押すとトレモロ[注4]のような効果が得られ，入所者は音を聞き続けることになる。ジャンプしたり動いたりしない利用者のグループのためにチャイムが開発されたので，これは重要なことである。ベルの残響の長さを少し制限するには，その上に調節器を置いたり，残響の弱音器の位置を

変えたりすることによって調整することができる。残響はゆっくり反応する入所者のためにプラスであるが，迅速に刺激を処理する人には，特に一度に1つ以上のベルが鳴るのは不愉快である。変圧器のスイッチを回すことにより，トレモロの速度を調整することができる。しかし変圧器は，焼損からシステムを保護するために内蔵リミッターが付いている。チャイムの付いたボードはベルが自然に聞こえるように，壁に取り付けなければならない。

## 視覚の部屋

### 概要

聞くこと（heareing）や聴くこと（listening）についていえることは，視ること（looking）と見ること（seeing）についてもいえる。重度知的障がいのある人は見えてはいるが，意識的に見ることはほとんどしない。視ることとは，意識的に見ることを指す。私たちの経験では，視覚刺激は最も強い刺激である。いわば，私たちは自分たちの目を通して，身の周りのすぐ近くの環境に関する大部分の情報を得ている。多くの場合，他の感覚刺激（特に触覚刺激）は，視覚刺激によってかき消される。私たちがすぐに認識した対象物は，それを触る気にはなれないが，簡単に視覚情報に追加される。

### 部屋に慣れる

スヌーズレンルームに入るとすぐに，私たちは薄暗闇に襲われる。これは，太陽が輝く明るい戸外の明かりとは対照的である。はじめに，私たちはまったくの暗闇の中を歩くことになる。私たちの目は，薄暗い光に慣れるために，ある程度の時間が必要である。

明るさの変化があまり急激でないことは重要なことである。このことは，部屋への利用者の恐怖心や不安感を引き起こしかねなく，利用者は部屋に入ることを止めるかもしれない。そこには，この部屋に慣れるための方法がいくつかある。1つは，明かりを徐々に調光することができる調光器付きの部屋を作ることである。私たちはスヌーズレンルームの光の強さを平均レベルに引き下げることにしている。もう1つは，「明るい通り」である。この目的のために，私たちはスヌーズレンルームの入口に通じる長い廊下を使うことができる。通路の一端では，光の強さは，屋外とほとんど同じである。それらを外の光に合わせることができるように，ライトは調光器を備えていなければならない。入口の光の強さのレベルは，天候による。通路に沿って歩いていくと，光の強さはスヌーズレンルームのレベルと一致するレベルまで徐々に減少していく。そのような明かりの通り道は，くるくる回るスポットが取り付けられたランプのレールで作ることができる。そのレールは，それぞれ別々に調整するための調光器に接続されている。もう1つの方法は，触覚の部屋の節で説明したように，光で照明された床を使うことである。この種類の床では，各色の正方形のマスごとに明るさをコントロールすることができる。このように，明るさと熱放射の両者は調節可能である。さらに通路に沿って行くことで，床の明るさは減少する。

## 映写室

　さまざまな形態で映写することは，多くの可能性を提供する。スライド，映画，または液体の映写とこれらの組み合わせは，驚くべき効果をもたらす。良質な映写の基本的な条件は，スクリーンが良いことである。最も良い効果は，白い表面のスクリーンを用いて得ることができる。このスクリーンは，平面である必要はない。私たちは，映写面として白い球体またはシリンダーを使うこともできる。その結果はまったく異なるものになる。その映写された画像は曲げられ，一種の三次元効果のようなものをもたらす。このボールまたはシリンダーを動かすことができるように掛ければ，その効果はさらに大きくなる。映写する対象物を，この高さに吊り下げることで，利用

者がそれで遊び，その間を歩くという，大変良い経験をしたことがある。このように，利用者も映写の一部になり得る。彼の体は映写面となり，ありとあらゆる形と色が自身の体にまとわり付く。いわば，彼は自分の環境の一部となる。あなた自身の影も，この遊びに参加することになる。利用者が光を直接見ることは避けなければならない。不快に感じるかもしれないからである。あなたがプロジェクターに近づけば近づくほど，あなたの影は最も大きくなる。あなたが映写面の方向から離れれば，あなたの影はだんだんと小さくなる。実際，それは一種のシャドーダンスといえる。私たちが部屋の全部を映写面として使用したければ，部屋自体を白く塗るのが最もいい。天井と壁，そして床は，白くしなければならない。床全体，あるいは，床の一部を，厚さ6インチ（15.24センチメートル）の柔らかいマットで覆うことは，同じく重要である。映写室の中に入ると，目にする光の効果は魅力的なものである。きっと，最大の効果があるところに座りたくなるだろう。その時，その床は柔らかなものなければならない。自分の座席やビーンバッグを探さなければならないようでは，この「最初の接触」を損なうことになる。

多くの液体の映写はとても明るく，まぶしいものであり，そのため彼らを不安にさせる。完全に白い映写面は多くの反射を引き起こし，照明の明るさをより少なくする。大部分の色はより穏やかになり，目に優しいものになる。

映写室は決してあまり小さくてはならない。なぜならば空間効果を損なうからである。部屋の高さも，映写の可能性と効果を大きく決めることになる。これまでの経験では，およそ22フィート（約6.7メートル）の正方形で，高さ18フィート（約5.48メートル）の部屋がいい。私たちは，これが理想的な環境であると考えている。そして，鋭角な角がないように，スクリーンを部屋のコーナーに置いた。その部屋の周りすべてが，快適な座席になるような背もたれを施した。部屋の寸法（すなわち，プロジェクターと映写面の間の距離）は，映写される画像のサイズを限定する。しかし比較的大規模な映写は，特別なレンズを使うことによって，小さな部屋でも行うことができる。私たちは，利用者が映写に参加するという仮定から始める。すなわち，利用者が映写画像を通って歩くことができるということである。それ

には，かなり大きな部屋が必要であるということになる。

## いろいろな種類の映写

　選ぶプロジェクターの種類は，部屋や技術的な可能性と，もちろん，予算の規模に依存する。もし大きな部屋があれば，強力でおそらく調整可能な光源を持つプロジェクターを必要とするだろう。映写する形がたとえどのようなものであろうとも，最低限250ワットの電球を付けたプロジェクターは絶対に必要である。より小さな部屋では，150ワットの電球でも十分かもしれない。財政的な資産と技術的な可能性が，スライドか，映画か，または液体の映写か，どのような映写を使用するのかを決めることになる。

## 液体の映写

　液体の映写を使用すると，抽象的でカラフルなパターンの映像を扱うことができる。液体の映写は，スライドの映写に類似している。スライドは，間に色のついた液体の入った2枚のガラスのディスクにとって代えられる。これらの液体の特徴の1つは，色がはっきりとするように混ざらないということである。ディスクは電気モーターで動き，そして，この動きは色を混ぜることなくガラスの中で色を動かす働きをする。投影ホイールとも呼ばれるディスクの代わりに，利用可能な丸い形のカセットもある。これは，ゴムのホイールで動かすことができる。このカセットの利点は，ディスクよりも光の拡散が少ないことである。ここで，プロジェクターのために，液体の映写とアクセサリー（附属物）のすべての可能性を列挙することは行き過ぎだろう。しかし，私たちは2，3の注目に値する効果について言及したい。より大きなプロジェクターに，カセット－チェンジャーをインストールする。これは，プログラム化することが可能な一定の期間，4つのカセットを映写することができる。いろいろなレンズ・システムは，最も独特な効果を提供する。レンズの付加により，映像が部屋全体の周りを回転するようにすることなどができる。流れる雲のような静かなイメージ，妖精のシーン，SF小説

のシーンや，その他たくさんのテーマの映写ディスクもある。

　介護福祉士は，8人の入所者と一緒にスヌーズレンルームに入る。彼らの1人であるエディーは，じっと座っていることができず，たえずさまざまな人やいろいろなものを触っている，かなり落ち着きのない少年である。グループで映写室に行くと，そこでは液体の映写効果が使用される。介護福祉士が中に入り，そして，エディーを除いた男の子たちがあとに続く。エディーは入口の近くに残り，少し後ろに下がる。彼は，一連の激しい叫び声を発して不満を表わす。介護福祉士は彼の腕をつかんで連れて行き，他の男の子たちの近くに座らせる。彼は振り返ったり，立ち上がったりして大変うるさくする。他の男の子たちは静かに座っている。そして，各々が好きなように部屋を見てまわる。1人はバブル・ユニットを見て，他の子はその床にあるミラーボールの反射した光のつぶを床に腹ばいになって見ている。彼らはただそこに座り，エディーのふるまいに邪魔されているようには見えない。気にしているのは，職員だけである。彼女はエディーが座ることを望んでいる。しかし，彼は再び立ち上がり，叫びながら部屋を歩きまわる……。

　この例は明らかに，知的障がいのない私たちは，利用者の行動をいかに騒がしいと感じるか，そして，彼のグループの仲間たちは，そのことを気にかけているとは思えないことを示している。

## 映画とスライドの映写

　映画とスライドの映写は，両者を別々に，または，組み合わせて，スヌーズレンルームで適用することができる。スライドの次に映画を提示することは，素晴らしいコントラストを呼び起こすことができる。イメージが部分的に重なる時，最も美しい効果を作ることができる。私たちは，自然や抽象的な形，花の拡大写真，昆虫などの「時間を超越した」写真を見せる。「時間を超越」しているために，これらの写真は，それらを認識することを急かさない。写真は色や形状のコントラストだけなので，それらを見ていることは

大変なことではない。私たちは，深海の映画，特にフランス人のジャック・クストーの映画で，非常に良い経験をしている。水中のショットでは，特別なバックグラウンドミュージック（BGM）と完全に調和した，ゆっくりとした動きの写真を見せてくれる。

　ここでもまた，私たちは特別なレンズの助けを借りて，短い距離でも大規模な映写を作ることができる。壁全体に映写すると，利用者はいわば，自分が魚と一緒に泳いでいるような気分になる。平らな映写面に限らない。私たちは，この目的のためにシリンダーと球体を使うこともできる。映像は，映写面の周りに沿って曲がる。利用者は，映写面を通して歩くことができるので，色と形の世界で1つになる。安らぎと「自然のゆるやかな動き」を伝える映画であれば，他の自然の映像を使うこともできる。たとえば，日の出と日の入り，海岸に打ちつけて砕ける波，風に乗って滑空するカモメ，などである。

　スライド映写は静的な映像であるが，最も壮大な視覚的効果を提供することもできる。しかし，スライドの変更は，できるだけ気がつかれないようにすることが重要である。なぜなら，1枚のスライドと次のスライドの間は，とても不安を感じさせるのでこのことは避けなければならない。プロジェクターを使って，2枚を一瞬オーバーラップさせることで，1枚の映像を別の映像にフェードインさせる。

　これらのプロジェクターは，いくつかのモデルがある。二重レンズと台車のついたモデルがある。それらは，1つの映像が映写される設定がなされている。2つの別々のプロジェクターを使って，1つの画像を作ることもできる。これは，テレビ放映のテストパターンに類似した特別なスライドを使って行うことができる。両方の放映テストパターンは一致しなければならない。両方のプロジェクターのフェージングと映写時間は，別々のコントロール装置で設定することができる。この方法の映写はかなり高くつくが，それだけの価値はある。

第3章　日々の実践におけるスヌーズレン

スヌーズレンの環境を高め，刺激的な照明と視覚効果をもたらすようにデザインされた各機器

a) ソーラー250の特殊効果プロジェクターは，壁に雲やバルーン，ちょうちょ，色の付いた液体，または抽象的なパターンを映写できる。
b) 泡の製造機。泡は，2つの回転する金属車輪を通して，特別な液体を吹き飛ばす機械によって作られる。
c) ミラーボール。球は1分間におよそ1回転で大変穏やかな効果をもたらす。ミラーボールはピンスポットによって明るく照らすこともできる。
d) 紫外線の明かりはさまざまな色や白色に蛍光性をもたらし，代わりに「ブラック」ライトの効果をもたらす。
e) 色のついた車輪を回転させるピンスポットは，ゆっくり色を変えるミラーボールの効果のような星の光を作る。

## ミラーボール

　数百の光のつぶ（点）が，絶えず色を変えながら，天井，壁，床の上など，すべての方向にゆっくりと移動する。

　1個または複数のミラーボールは，この効果をもたらす。ピンスポットは，数百もの小さいミラー（鏡）のついたボールに，細いビームを投じる。各々のミラーは光を反射して，壁の表面に光のつぶを作る。ボールが大きく光のつぶが小さければ小さいほどその効果は大きい。速度の遅い電気モーターを使うことで，光のつぶは部屋の周りをぐるぐると回る。光のつぶの全体像が混沌となってしまうので，ミラーボールの速度は速すぎてはいけない。ピンスポットに搭載された回転カラーホイールは，常に光の色を変える。壁や天井に固定することのできるハーフミラーボールも市販されている。その利点は，スペースをとらないということである。特にとても天井が低い部屋ではこれが重要になる。

## バブル・ユニット

　「バブル（気泡）の洪水，カラフルで，きらびやかな小さなボール」。これは，私たちがバブル・ユニットを見た時の第一印象である。後の段階まで，色の他に，熱や振動による触覚刺激もあることがわからなかった。ここでもまた，視覚刺激が優位を占め，触覚刺激はその後に来ることになる。

　バブル・ユニットは水をいっぱい入れた直径が約8インチ（20.32センチメートル）の塩化ビニール製のチューブでできている。空気が下から一種の重い水槽のポンプによって，このチューブに汲み上げられている。この空気は，上昇して気泡の流れを形成している。カラーホイール付きの電球は，チューブの下に置かれていて，絶えず水の色を変える。気泡は光を反射し，変化する色は，泡の洪水に光を当てている。チューブの長さは，3フィート（約0.91メートル）から8，9フィート（約2.44～2.74メートル）までさまざまである。チューブが長ければ長いほど，利用者が目で追うことができる気泡の流れはより長くなる。重い空気ポンプは，チューブの壁をわずかに振動

第3章　日々の実践におけるスヌーズレン

させる。
　チューブに手または体をくっつけることによって，その振動を感じることができる。この触覚は特に視覚障がいのある利用者のために重要である。なぜなら彼らは振動を最も強く感じるからである。これまで，いかに多くの利用者が，彼らの全身をチューブに押し付けていたかを，私たちは見てきた。
　バブル・ユニットは，振動の他に熱刺激ももたらす。電球は水を熱する。多くの利用者は，この暖かさがとても心地良いと感じる。彼らは手や顔でチューブに触り，暖かさを感じて楽しんでいる。
　聴覚刺激もある。気泡の流れは，ゴボゴボという音を立て，空気ポンプのうなりも聞こえる。チューブの壁面に耳を近づけると，そのゴロゴロという響きを聞くことができる。円柱は金属台に固定され，強い力が加わっても動かないようになっている。もたれかかっても，ぐらつかない。円柱はいわば，バネの上に載っているようなものである。もちろん，それにあまりにも強い力をかけすぎてはいけない。それは破損の原因になるからである。空気

バブル・ユニットの泡の流れを注視する入所者（利用者）と
本人の気持ちに寄り添う介護福祉士

*121*

ポンプ，モーター付きのカラーホイール，電球，圧力室と弁は，チューブの下に置かれている。この器材は，外から見えないように，木のケースに組み込まれている。水の円柱と色の付いた気泡の流れだけが外から見ることができる。

## 光ファイバーの明かり

　これらのランプは，電球の上に扇形に広がるように置かれた非常に細いガラス繊維の細い棒を備えている。一筋の光がファイバーガラスで曲がって，ホースの中の水のようで，細い棒の先端は明るい。電球とファイバーガラス繊維の束の間の回転するカラーホイールは，色の効果を変えていく。ファイバーガラスの細い棒は非常に薄いため，ちょっとした空気の動きがそれらを動かす。その扇は，海水の流れで揺れているイソギンチャクのように見える。それは，まさに生きているように見える！ 主要な視覚的側面の他に，触覚刺激もある。細い棒の端は暖かい。あなたが扇に触ると，すべて暖かい数々の小さな先端を感じることができるのは，素晴らしい。細い棒はとても柔らかいので，それに触れるのは愛撫のようである。しかし，1つ大きな短所がある。その細い棒は，壊れやすいということである。光ファイバーの微小な破片は，皮膚の刺激を引き起こす場合がある。しかし，これらの明かりに接した私たち自身の経験は，明らかに前向きである。他の人から聞いてはいるが，壊れたことは，実際にこれまで私たち自身では経験したことがない。そのため，予防措置として，私たちはガラスケースの中に光ファイバーのランプを置いた。それゆえ，その触覚的価値は消えてしまうが，視覚面の価値だけは残る。

## ラインライト

　この材料は，時々「安価なネオン」とも呼ばれている。ラインライト[注5]は，強い蛍光性があり，細い棒から庭園のホース・サイズのチューブまで，いろいろな色と形がある。平面にすると空洞のできるものやラインライトが

第3章　日々の実践におけるスヌーズレン

帯状に広がった大きな形のものも市販されている。「ブラックライト」(紫外線)によって、それは非常に明るくなり、光そのものを放つように見える。特別なブラックライトのネオン・チューブも入手できる。そのようなネオン・チューブの下にラインライトの帯を掛けることによって、いろいろな色の発光カーテンができる。帯状に広がる1本1本の明かりは、鏡の壁に固定することもできる。鏡がラインライトを反射するため効果的である。利用者は、鏡の中に、ラインライトのジャングルの中にいる自分自身を見ることになる。この素材は空洞なので、中にワイヤーを入れることができる。そうすれば、それを曲げて二次元、三次元に形づくり、部屋の中に掛けることができる。ラインライトは、特定の対象物の上に固定することができる。1つの良い例は、鳥の形をしたモビールである。この鳥は合板でできていて、軽く

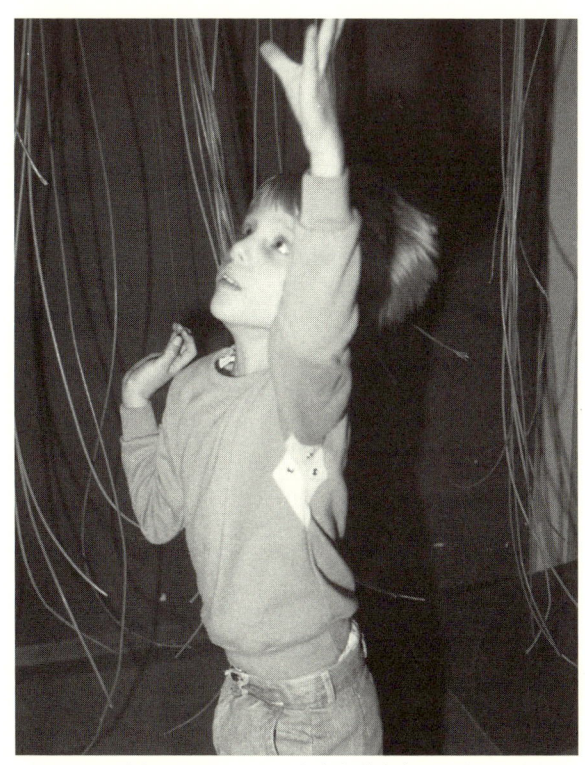

ブラックライトの下でいろいろな色を発光するラインライト

それに触れると，空を飛ぶ運動をする。これらの動きは非常に自然に見え，心を落ち着かせる効果がある。鳥の形の輪郭に沿って，ラインライトを固定し，紫外線でそれを照らすと，その輪郭だけがはっきりと見える。ブラックライトは，それ自身素晴らしい効果がある。鮮明なコントラストが，あなたの服の色に起こる。白色はより明るい白色になり，そして他の色はまったく変わった色になる。あなたの服の綿毛のすべての細かな部分が，目に見えるようになる。そしてあなたの皮膚はより浅黒く，あなたの目は輝いて見える。

### 触覚物または視覚物としてのシャボン玉

　光と影，色が交互に変わる間，シャボン玉は上方をゆっくりクルクル回っていく。色が変化し続けるので，これは魅力的な場面に映る。あなたは，シャボン玉をつかむことができる。あなたの皮膚にくっ付く。そして突然，去っていく。スヌーズレンルームの中のシャボン玉は，視覚と触覚の価値ある財産になることができる。私たちは特別な装置でシャボン玉を作ることができる。またそれらを自分で吹き飛ばすこともできる。どちらの場合においても，目または皮膚を刺激しない液体を使うことが重要である。これは，ディスコ機器を売っている店で手に入れることができる。シャボン玉製造機は一瞬にして，多量のシャボン玉を生産する。この装置はシャボン玉が下に落ちて来る前に，まずシャボン玉が上に上がるように，熱気を泡にして送る空気ポンプを備えている。このことはシャボン玉をさらに魅力的にし，利用者はより長く泡を楽しむことができる。しかし，シャボン玉製造機は，一気にあまり長く稼働させてはならない。そうしなければ，床は1本の大きな滑走場に変わるだろう。もし，余裕があったら，シャボン玉が稼働する時間をセットすることができるように，シャボン玉製造機にタイマーを備えるといい。

### スヌーズレンルームの中の日光

私たちは，通常スヌーズレンルームの窓を覆う。明かりに関しては，あらゆる種類の人工の光を使うことにしている。しかし，自然の日光は視覚や触覚型の部屋の重要な財産であるといえる。窓の前に色の付いたパースペックスのスクリーンを置くことによって，日光に魅力的な側面を付加することができる。色付きのパースペックスの天窓を屋根に造ることもできる。流れる雲のかたちは，素晴らしいながめである。日の光は，スクリーンまたは天窓によっても色付けられ，新たな次元をもたらしてくれる。天気はこれらの色の付いたパネルの効果の主要な要素となっている。曇り空では，光を乱反射する。明るい日光は，部屋の中に色の付いた光の帯を作る。スクリーンは，異なる形のシルエット（影絵）で貼ることもできる。色の付いた窓ガラスを通して外を見ることは，魅力的な経験である。周りのながめが完全に変わる。赤色は完全な深みをもたらす。たとえ空が曇っていても，オレンジ色と黄色は太陽が常に輝くという印象をもたらす。青色は冷却の効果を持つ。1つの窓の前に，より多くのスクリーンを置くことによって，色を混ぜることもできるが，これは明かりを失うことを意味する。

## スヌーズレンルームにふさわしい色の選択

　色はスヌーズレンルームにおける重要な要素の1つである。前に指摘したように，部屋全体がある程度の静けさを表す必要があり，色がここでは重要な役割を果たしている。派手な色の混成は，部屋を非常に騒々しくする。どのような色を用いるのかは，部屋がどんな活動のために使用されるのかに強く依存している。それが主に光の効果をもたらすために使用される場合は，部屋の色は当然白色を用いる。他の部屋で調和のとれた組み合わせは，たとえば，床または天井の色と合わせて考える必要がある。これまでの経験から，黄色の柔らかい色合いは静かな雰囲気を作り，この色は他の色との組み合わせがしやすいといえる。天井とすべての壁は，同じ色に塗らなければならない。ドアとフレームは，あまり強いコントラストにしてはならない。人工的な明かりの豊富な使用も，どのような色を使うかを決める。ほの暗い光の下で，明るいオレンジ色の床は，くすんだバラ色に見える。ダークブルー

とダークグリーンは黒く見える。したがって，これらの色は避けなければならない。騒々しい色を避け，ソフトなパステルカラーを選び，スポットライトでいくつかの器材の色を「静かなもの」にすることである。

## 鏡の使用—鏡ばりの壁

　鏡は，スヌーズレンルームで，ありとあらゆるものに応用することができる。一方では，視覚イメージを呼び起こし，他方では，光源を反射するためにも使用できる。鏡，または，特に，鏡の壁は，大きな空間効果を作ることができる。私たちは，迷路を作るように鏡を配置することができる。およそ7フィート（約2.13メートル）離れたところに，向かい合わせて鏡を置くことで，非常に特別な効果をもたらすことができる。あなたがこれらの鏡の間に立つと，あなたの姿は無限に反映される。私たちは，毎日鏡に映った自分の姿を見る。毎日何回見るかは，私たちの虚栄心による。スヌーズレンルームで，ある利用者は，鏡に映った自分の姿を見て，しばしば大きな驚きを表わす。また他の利用者は，鏡の中の彼ら自身に気がつかないかのように反応し，鏡の中の自分の姿をほとんど見ようとはしない。多くの施設では，鏡が私たちが考えるような日常的な道具とはなっていないことをあまりにも理解していない。重度知的障がいのある入所者のグループでは，その担当職員が入所者の髪をとかすので，鏡は必要ない。鏡の価値が何であるのかについて理解されてきたのは，ごく最近のことである。鏡は，髪の毛をとかす時のように，機能的である必要はない。

　歪曲ミラーに対する利用者の反応が私たちの反応とは異なることがわかった。おそらく私たちは自分の鏡像を非常によく知っているからである。壁や床や天井に取り付けられる平らな鏡は，スヌーズレンルームに多くの空間効果を加えることができる。利用者は活動中の自分自身の姿を見ることができる。また，私たちと一緒に鏡の前に座ると面白い反応が引き出せるかもしれない。私たちは，歪曲した鏡をすべて調べてみた。この鏡の魅力的なところは，歪みが，垂直に，水平に，または両方向に起こることである。歪みの度合いは，鏡の屈曲で決まる。つまり，へこんでいるか，丸まっているかであ

る。強く歪んでいる鏡は，まったく違った効果を表わす。最も良い効果を得るには，プラスチック製の鏡シートがいい。これらは，クロムの薄い層でおおわれている厚さおよそ2ミリの塩化ビニールシートである。それらは，接着剤または両面テープで，ほとんどどんな表面にも簡単に取り付けることができる。木のフレームに取り付けて，可動式の鏡スクリーンを作ることもできる。

私たちが色の付いたスポットで鏡面を照らすと，美しい色のパターンが床の上や反対の壁に映写される。鏡を曲げると，異なる反射が素晴らしい競演をする。鏡の曲がり具合によって，いろいろな幾何学的なパターンが作られる。この効果は，鏡かスポットを回転させることによって拡大することができる。利用者の多くは，線とパターンのこのカラフルな競演に魅了されるだろう。鏡の他の使用方法については，本書の聴覚ルームとボールプールの節で述べている。

# 嗅覚と味覚

### 概要

スヌーズレンルームの中で，匂いと味は感覚知覚を最適化するための重要な道具である。具体的な形で，これらの感覚の側面について説明することは容易ではない。嗅覚と味覚は，密接に関連している。味覚は，しばしば嗅覚と味覚刺激の組み合わせから成っている。この組み合わせは，さまざまな方法で作ることができる。単純に，オレンジを食べることは，このことの良い例である。私たちが別々に味覚刺激を提供しようと思うならば，それはより複雑なものになる。味のニュアンスと良い味についての判断は，非常に個人的なものである。重度知的障がい者たちの食べる様子を見ると，私たちは彼

らが食事を本当に楽しんでいるのかどうかを時々疑問に思う。私たちは，食物の量の方が，その質よりも重要なのかという感覚を持つことが時々ある。

しかし，実際には，大抵の重度知的障がいのある人でも，特定の嗜好を持つことがわかっている。おそらく私たちほど繊細ではないが，知的障がいのある人々は，彼が何を好きなのか，あるいは何を好きではないのかについて，何らかの方法で示してくれるだろう。

## 味覚を提供すること

甘い，酸っぱい，辛い，塩辛い，といった味覚において，異なるニュアンスを提供することは難しい問題である。単に，桃，ピクルスとポテトチップスのような食品の形でこれらの味を提供することは，ほとんど意味がない。利用者が私たちが経験するのと同じようなニュアンスを経験するのかどうかは，すぐに確かめることはできない。私たちは，たとえば，一種のシリンダーの中に，浅い皿を置いて，いくつかの方法を試してみたことがある。「おいしいもの」は，見えないようにした。手をシリンダーの中に入れることによって，何かを取り出すことができ，それを味わうことができる。もう1つの方法は，オートマット（自動販売式食堂）の原理に従って，壁にフラップ（たれぶた）で小さな仕切りを作った。それぞれのたれぶたは，特定の味覚と合致した色を付けた。たとえば，赤色＝甘い，青色＝酸っぱい，黄色＝苦い，緑色＝塩辛い，といった具合である。仕切りの中には，いろいろな味の食べ物をプラスチック容器に入れた。だがここでも，選ばれた味はわずかしかなかった。カラーコード（色の符号化）は，基本的には職員のためのもので，利用者のためのものではなかった。私たちの意見では，毎日の食事は，多様な味を味わうために十分な機会を提供する。したがって，たとえ入所者がそれを本当に味わっていないと思っても，できるだけ食物を多様にするように気を付けるべきである。

## 触覚素材に匂いを結び付ける

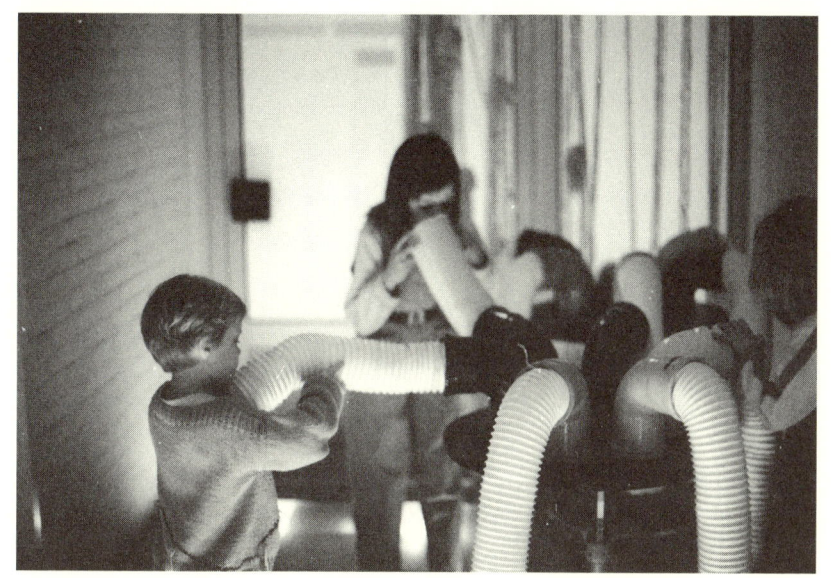

第3章　日々の実践におけるスヌーズレン

匂いのチューブ：柔らかなチューブが持ち上げられると，匂いが拡散される

　スヌーズレンルームに匂いを用いることは，より容易に理解することができる。私たちはそれぞれ別々に嗅覚を用いる場面を提供することができるが，たとえば，触覚型の材料と結び付けることもできる。触覚型のボード（板）に固定された強烈な，特徴的な匂いのある物は，非常に特別な効果をもたらす。嗅覚と触覚刺激の組み合わせは，いろいろな形（方法）で実現することができる。麻，革，樹脂の種類の木と羊皮のような材料は，触覚型のボードに固定することにまったく適している。ハーブを一杯つめた小さな袋は別の可能性がある。触覚ボードの上に固定し，匂いが外に拡散されて拡がるように，小さな穴を開ける。または，私たちが歩いて通り過ぎると，その匂いがかげるように，天井から吊るしたり壁に取り付けることもできる。
　クッションの中に匂いの物質（人工的な匂いと自然な匂いの両方）を入れることは，利用者に匂いの存在を教えるもう1つの方法である。綿または他のカバー付きの簡単なクッションは，匂いのクッションとして用いることができる。強い匂いのするハーブの袋は，素晴らしい効果をもたらすが，大部分の布地は十分空気を通すので，特別な調整をする必要がない。利用者が集

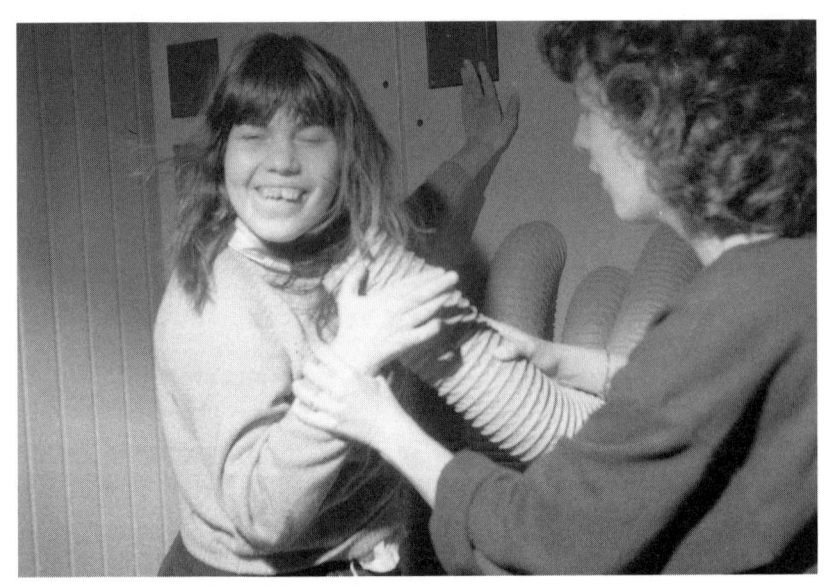

チューブから流れる香りの空気を顔全体で感じる

中できるので，人工的な匂いもとても役に立つ。匂いが長続きするのには，2, 3滴で十分である。それらをフェルトの一片の上に2, 3滴落とせば，とても良い匂いを得ることができる。フェルトはよく液体を吸収し，十分な匂いの循環を保証する。

### 嗅覚トレイ

匂いもそれぞれ別々に提示することができる。私たちは，いわゆる嗅覚トレイを使って，特に良い経験をしたことがある。回転台の上に，直径5センチメートルの柔らかく曲がる塩化ビニールパイプが何本か取り付けてある。使用していない時には，これらのチューブは垂れ下げておけばいい。ほとんどの匂いは，空気より軽いので，チューブはその匂いを拡散することがない。できるだけ早く，太いチューブを取って鼻の下に持っていけばすぐ，匂いが放出される。このように，匂いが長く続き，私たちがチューブの主要部分を持ち上げる場合にだけ使われる。その装置を楽しい色で塗り，回転台の

上に乗せておけば，それはとても魅力的に見えるだろう．

## どのような匂いを使えるのか？

　実際には，選択肢は無制限にある．素敵な匂いに限定する必要はない．悪臭も，強い感覚を呼び起こす．私たちの経験では，重度知的障がいのある入所者は，匂いに関しては，私たちとはまったく異なる選択基準を持っている．私たちにとっては，ひどいと感じる匂いが，彼らにとっては刺激的で，心地良くさえある．このような理由で，私たちは嗅覚トレイの構成に注意しなければならない．いろいろな「良い」匂いや「悪い」匂いは，彼の認識の中では，とても刺激的な匂いになっているのかもしれない．問題は，重度障がいのある人が，積極的に匂いを嗅ぐかどうかということである．言い換えると，彼らの鼻の器官が刺激されると，彼らは本当に匂いを嗅ぐのだろうか？　おそらく，そうではない．どんな匂いが，どのような組み合わせで提供されるべきなのか，という難しい問題が残る．私たち自身の好みが，ここでは重要な役割を果たす．私たちはシステムを考えずに，いくつかの組み合わせを試してみた．私たちは，花と食物の匂いの組み合わせをしばしば使う．しかし，煙や樹脂，また，強い対照的な匂いも有用である．

## 温風や冷風と結び付いた匂い

　空気中の熱いまたは冷たい流れによる刺激的な匂いは，匂いの知覚に別な面を提供する．触覚の感覚の節で述べたように，寒いまたは熱い空気は感覚の刺激を増す．実践から，温度や空気の流れの力が，経験に強く影響することがわかっている．多くの匂いは熱気で弱まるが，より強くなるものもある．冷たい空気は，多くの場合，匂いを強める．空気の流れがあまりにも強すぎないか，または，匂いが実際に飛んでいないかに留意する必要がある．
　匂いの組み合わせを作ることや，熱いまたは冷たい空気の組み合わせを具現化するために，私たちは装置を開発する必要がある．私たちは，いくつかの大きな押しボタンが設置された一種の木製のスクリーンから取り掛かる．

この上に，トランクのように突き出た柔らかなチューブを固定する。これらは，下向きに開口して掛ける（「嗅覚トレイ」を参照）。ランダムにボタンを押すことによって，ファンが起動し，空気ポンプは嗅覚容器内の空気を圧縮する。たとえば，これは，きちんと閉じることのできるビンでもあり得る。この容器の中に，芳香剤のついたフェルトを入れる。香りと混合した圧縮空気は，別の開口部を通って容器を出て，ホースを介してファンに導かれる。空気の流れる力は，ファンの力とその開口部の直径によって決まる。熱気の効果は，対流式ヒーターにファンを組み合わせることにより実現することができる。空気の流れる力と温度も，ここに影響する決め手となる。私たちは，「温かい」スイッチを赤く塗り，そして，「冷たい」スイッチを青く塗る。実際には，温かいそして冷たい気流の使用は，それ自体が経験になることがわかった。スヌーズレンルームの利用者は，何時間も空気の吹き出し口の前に立ち，そしてある者は本体の下に寝転がっている。この装置は，積極的に空気を吸入しない利用者の課題も解決する。匂いが彼らの鼻に吹きつけられるからである。タイマーは，一度起動したら止まらない，ということのないようにする。タイマーに中継器を用いることで，タイマーの時間を前もってセットすることができる。

スヌーズレンルームには，1か所だけルードが行く場所があり，そこには，熱気や冷気を用いた壁が設置されている。ルードは，重度の知的障がいのある17歳の男の子である。彼はいつも微笑み，そして，周りを楽しくさせる。彼は，その装置を操作する彼自身の「手法」を開発した。彼は自分の背中でいくつかのボタンを押して，開いた手でチューブを持ち上げる。彼は顔の前で1本のチューブを抱え，その間にもう片方の手を，ヘアー・ドライヤーのように，ずっと髪に当て，温風でブローする。その間，彼は微笑み続けている。自分自身くすくす笑っているかのようである。あなたが近づこうとすると，まるで「これは全部，僕のものだよね？」と言いた気に，くるっと後ろを向いてしまう。

## ボールプール

　ある意味で，ボールプールは，ウォーターベッドと比較することができる。少ない身体努力で，あなたは大量のボールの中で下に沈んでしまう。ボールプールとは，小さなプラスチックのボールで満たされた，ソフトカバー付きの大きな鉢のようなものである。いわば，あなたの体重がこれらの小さいボールに分散されるので，あなたはこれらのボールの上に浮かぶ。わずかな動きは，あなたを次第に沈ませ，そして，最終的にはあなたは沈没してしまう。多くの利用者は，とてもゆっくりと大量のボールの中に沈んでいく。それは，まるで泡風呂のようである。ボールプールは，あまりよく動くことのできない利用者に多くのことを提供する。彼らにとって，これは，自分の好きな姿勢で横になり，心地良く感じる唯一の機会である。スイミン

ボールプールの中にもぐってみる——心の落着きと安心感が得られる

グ・プールでさえも，これは不可能である。あなたの体の位置は，ボールプールの中で多少固定される。プールの中のように沈むことも，流されることもない。身体障がいのある人にとっては，自分の身体の位置を固定することができるということは，特別な経験でもある。なぜなら，特別な座席装置や車椅子などがあるが，これらは身体に刺激を与えずに，完全に１つの姿勢をとることは不可能だからである。ボールは自由に動くので，利用者はまったく簡単に自分の姿勢を変えることができる。動きがあまり突発的でなければ，彼はボールプールに浮かんだまま，沈まないだろう。

　大量のボールが，触覚刺激の最大値を保証する。あなたが沈めば沈むほど，あなたの身体はより多くのプラスチックボールで「包まれる」。ボールは，どのくらいのサイズでなければならないのか？　確かに，彼らがそれらのボールを飲み込むなど，厄介な結果をもたらすあらゆることを考えると，あまりにも小さすぎないものがいい。最も適当なサイズは，直径がおよそ6センチメートルのボールである。広範囲の色のボールが入手可能である。異なる色は，全体に陽気な雰囲気をもたらす。

　ボール・プールの高さ，または，むしろその深さは，かなりの程度まで，ボールの感触がどれくらい堅いによって決まる。60センチメートルは，良い深さである。ボールプールの底に厚さ10センチメートルの発泡マットを敷けば，完璧である。それは，完全に床の硬さを取り除くことができる。ボールプールの深さは，60センチメートルよりも深くすべきではない。それ以上の深さでは人をプールの外に引き上げて出すことを非常に難しくするからである。ボールプールの壁もあまり低くてはいけない。なぜなら利用者がそこに座ることができないからである。壁が柔らかであることも同じく重要なことである。ボールプールの中では，何か固いものにぶつかる危険性がなく，自由に移動できることが必要である。最高の解決策は，固定されたフロアマットと組み合わせた柔らかな素材の壁である。触覚と視覚の部屋の節で説明したような，柔らかな床に使用したものと同じ素材を使用することができる。ボールプールの入れ物は，「密閉」されていなければならない。つまり，防水できるようにすべての継ぎ目をきちんと合わせる必要がある。メンテナンスのためには，このことはとても重要なことである。入れ物が防水

であれば，それは感染源にならないように完全に洗浄することができる。

　鏡を壁や天井に付けると，その部屋はさらにより魅力的になる。私たちは，ボールの半分の形をした鏡を使って非常に良い経験をした。それは店の盗難防止鏡としても使われている。およそ直径1メートルのこの鏡は，ボールプールの上方の天井に取り付ける。丸みをおびた形は，いわゆる「魚眼」効果をもたらす。それによって，ボールプールに横たわると，利用者は自分自身と部屋の全体を見わたすことができる。ボールプールのメンテナンスには，たくさんの注意点がある。特に，ボールプールが集中的に使用される際は，定期的に掃除が必要である。掃除の方法は，利用できる施設によって異なる。ここでは，1つの可能性について言及する。ボールプールの中を空にして，側面と底面にたくさんの隙間のある大きなプラスチックの箱にボールを入れる。これをきれいにするところまで台車で運ぶ。ボールをきれいにするいくつかの方法がある。1つは，水と消毒剤の入った溶液の中にボールの入った箱を沈める。ボールには非常に浮く力があるので，木箱にはふたを取り付けなければならない。その後，ボールのしずくを取り，さらに乾燥させるために日なたや風の強い場所に置く。水と消毒剤をボールの上に注ぎ，ホースで洗うこともできる。しかし，この方法ではボールはあまりきれいにはならない。

　代わりの手段として，ボールプールを床に沈める。良い点は，人をボールプールから引き上げることがより簡単なことである。しかし，良くない点は，移動できる利用者が，ボールプールに「飛び込む」ことができ，他人を怖がらせたり，傷つけることさえもできるということである。


　キースは，32歳の重度知的障がいのある視覚障がい者である……彼は，自分の家が一番好きである。彼は職員の1人と一緒に定期的にスヌーズレンルームに行く。そこには彼のお気に入りの場所がある。彼のとても楽しみな場所の1つが，ボールプールである。最初，彼はそれを見つけて，それをこわがり，恐れていた。今，彼はすべての小さなボールに，多かれ少なかれ慣れ親しんでいる。ボールプールのある部屋に入る時，彼は職員の1人の腕をとって，そこに連れて行く。それは，彼が彼女にボールプールの柔らかい縁に乗るのを

手伝ってほしいというサインである。彼はしっかりと介護福祉士の手を握り，慎重にボールプールの縁に乗る。一度キースは，ボールプールの縁の上でゆっくりと頭を振り始めた。このことは彼が気分が良いことを表す。ゆっくりと，ボールプールに片足を下ろし，そして他の足も下ろす。少しずつ，自分をボールプールの中に沈ませ，職員の手を離していく。彼はやさしく鼻歌を歌い始めて，より深く，どんどんボールプールの中に沈んでいく。彼の片手はボールプールの表面に，そして，慎重にボールの1つを触る。


## 水のオルガン


　水のオルガンは一連の刺激を提供する。光と音を組み合わせた噴水は魅力的な光景である。スヌーズレンルームで，水のオルガンを使用すると，かなり多くの特別な設備を必要とする。水や光，音楽のこの遊びは，特に保護される必要がある。外へはねる水が，オルガンの置かれる部屋の外に行かないことを確認する必要がある。水のオルガンは，ポンプと弁の開閉によって，水の噴流が交互に生じる装置である。使用しているシステムによっては，これらのポンプとバルブを音楽の音に反応させることができる。これは，音楽と水の動きを完全にシンクロナイズさせる。音楽だけでなく，声や楽器の演奏も可能である。音のボリュームが，噴出水の高さを決める。歓声と拍手は大きな噴出をもたらし，一方，ささやき声は小さなちょろちょろとした噴出をもたらす。大部分の水のオルガンは，今日では，コンピュータで制御されている。コンピュータは特定のプログラムを実行し，そして，カセット・レコーダーは音楽を提供してくれる。一連の防水スポットライトは，異なる光の効果をもたらす。最も良い効果は，光の効果が最もよく出てくる十分に暗い部屋で得られる。ほとんどの水のオルガンはかなり大きいので，必ずしも屋内に設置することができない。それを外に置くなら，その周りに適度な遮

光テントを構築する必要があるだろう。遮光カバーが付いていて，前に開く水のオルガンを借りることもできる。大部分の利用者は，はね返る水に魅了され，手でそれを捕えてみようとする。見物人に降りかかる霧雨のように，離れてはねている水もとても特別な効果をもたらす。私たちは，利用者が1時間，そしてより長い時間，噴水をながめているのを見ることがある。水のオルガンを操作している間，私たちはしばしば，利用者が水の中に入り，噴流の間を歩きたがっている場面に直面した。しかし，この器材はそのために設計されてはいない。水のオルガンの音を少し邪魔だと思う利用者や職員もいるかもしれない。

## スヌーズレンルームとしてのスイミング・プール

　もし，私たちが自由にスイミング・プールを使用できたら，スヌーズレンルームとしてもそれを使うことができる。水には，多くの可能性がある。水が適温に暖められたら，それは，あなたの体を覆い，気持ちよく暖かい感じがする。ある意味で，私たちは子宮の中の胎児とつながるようなものである。私たちの触覚は，自分たちが水で完全に囲まれていることを知覚する。この経験は親近感の1つであり，ほとんど安心感である。シャワーを浴びることは，似たような効果を持つ。私たちは，水で多くのことをすることができる。それを注いだり，はね飛ばしたり，投げたり，噴出させたりする。あるものは浮かび，あるものは沈む。あなたは，浮いているものをそっと押しやり，水を打ったり，かき回したりして，水を動かす。

　触覚刺激の他に，水は聴覚への刺激も提供する。私たちが誰かにホースを向けると，それはパタパタと音を立てる。水は，容器の側面と水に浮いている物にぶつかって，はねる。

　そこには，視覚刺激もある。波立つ動きは，水をきらめかせる。水は透明

である．水の中に飛び込むと，気泡の細かい濁りができ，そして水は少し不透明になる．

　スイミング・プールも，私たちの嗅覚と味覚器官を刺激する．大体いつも，非常に特殊な匂い（塩素または殺菌剤の匂い）がする．塩素で処理された水を飲み込んだら，それは，まさに味覚のセンセーションである！

　いくつかの配慮を加えることによって，これらの刺激のすべてを高めることができる．まず最初に，窓を覆ったり，内部の照明を暗くすることによって，室内の明るさを暗くする．窓を覆うことで，かなりの温度上昇を引き起こすため，エアコンや暖房システムの異常をきたす可能性があることに気を付ける必要がある．したがって，部屋の中で何かの設定を変える前に，その器材のメンテナンスの責任者と相談する必要がある．

　水中ライトは非常に役に立つ．プールの底から上方へ輝くライト（明かり）は，水面に浮いている物をシルエットにして見せる．たとえば，吸盤付きの水中ランプに，塩化ビニールの着色シートを付けることができる．ほの暗い光は，起こることすべてに目を配ることを難しくする．そのため，1人の利用者に対して1人の職員の監視を強く勧める．大部分のプールはやや明るい色に塗られて，部分的に，または全体がタイル張りになっている．これは，私たちが少しの多様性を加えなければならないことを意味する．人工のヤシの木や他のプラスチックの植物を使って，プールの周りに一種のジャングルを作ることができる．私たちの熱帯雨林を完璧なものにするために，カセット・レコーダーで雰囲気のある音楽やジャングルや鳥の声を流す．もし，十分なスペースがあれば，安楽な椅子やハンモックを置いたり，床の上に横になるためのマットを敷いたりすることができる．スイミング・プールを「熱帯の湖」と見なして，たとえば，ゴムボートで浮遊する機会を設定することができる．利用者は，ボートの中で横になると，さらに水を感じることができる．彼は，水のはねる音を聞く．そして手を水に入れることができる．このような状況では，ボートの中や水辺にいる彼らの近くに十分な人数の職員が必要である．また，水上にプラスチック製の水生植物や小さなボールを浮かせることもできる．利用者はそれをかき分けて水の中を歩くこともできる．ウールのプラスチック細片または縫糸で作った人工の蔓植物も，非

常に刺激的である。利用者は，自分のジャングル（用）ボートに乗って移動しながら，これらの「熱帯のカーテン」をかき分けて前進する。

　噴水，渦とジェットストリームは，多くのスイミング・プールの施設では見かけない設備である。しかし，それらがある場合は，より多くのものを提供することができる。噴水は，スリルに満ちたシャワーになる。あなたは手をノズルに置いて，圧力（水圧）を感じることができる。水に香りや泡を加えることもできる。ジェットストリームと渦は，豊富な触覚刺激を与える。圧力をかけられた水または空気の強力な噴射は，あなたの体を打つ。あなたの皮膚は押し込まれる。いわば，あなたはエアクッションの上に浮かんでいるようなものである。

## ハルテンベルグセンターでのスヌーズレンルーム

　1984年2月から，オランダのエデにあるハルテンベルグセンターは，自由に使用できる，かなり大規模で中心的なスヌーズレンルームを持っている（図7参照）。当時，私たちは，活動地域の中に統合されている中心的なスヌーズレン施設を選んだ。この施設は，毎日9時から17時までオープンしている。そこでは，一定のタイムテーブルがない。グループは，その施設を1日中いつでも使用することができる。職員は集団の大きさを決め，そして個人でもそれを利用することができる。集団の大きさと使用の頻度は，人員の配置や入所者のレベルや行動，入所者の他での活動，気象状況によっても左右される。自由に使用できることは，自然発生的な選択を可能にする。ここには，時間の不足によって引き起こされるかもしれない義務的なスケジュールはない。このように，入所者の毎日の活動は，より意識的に選ばれている。この自由は，両親が子どもと一緒に，いつでもスヌーズレンをしに来ることを可能にする。予約は必要ない。それはほとんど時間に余裕のない両親にとってとても重要なことで

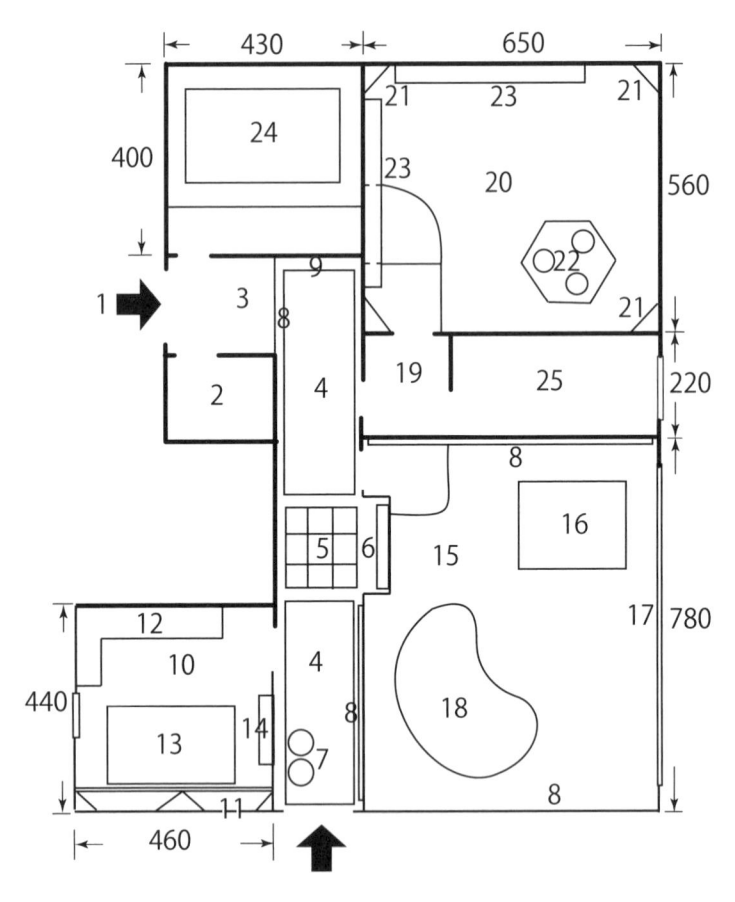

1. 入口
2. 車椅子利用者のためのトイレ
3. 廊下
4. 照明で光る床
5. 壁板のフットチャイム
6. 匂いのする熱気と冷気の壁
7. 匂いトレイ
8. 触覚の壁
9. 鏡の壁
10. スタジオ／聴覚室
11. 照明壁
12. 座席装置
13. 振動する床
14. 機器の倉庫
15. 柔らかい床のある触覚の部屋
16. ウォーター・ベッド
17. 色のついたガラス窓
18. スヌーズレンの牡蠣，貝のような柔らかい物体
19. ラインライト・カーテンとミラー壁のある部屋
20. 柔らかい床のある視覚の部屋
21. 光る物のコーナー・キャビネット
22. 3つのバブル・ユニットを備えた土台
23. 背面サポート
24. ミラー壁のあるボール・プール
25. 収納室

図7 エデにあるハルテンベルグセンターのスヌーズレンルームの見取り図

ある。多くの両親は時間を見つけて，私たちのスヌーズレンルームにやって来る。

　さらに，これらの中心的な施設には，入所者との毎日の接触や，それぞれの建物の中に造られた施設により，入所施設でスヌーズレンを行うための，より十分な可能性がある。ハルテンベルグセンターで，入所者にオモチャを分配する際の主要なポイントは，グループの入所者がスヌーズレン器材を借りる際に多くの可能性を提供してくれる。ミラーボールやピンスポット，一般的なスポット，液体のプロジェクター，スライドと映画の映写機，スクリーニングの材料，ウールのカーテン，触覚材料などが揃っている。中央のスヌーズレン施設は，5つの部屋から成る。6×6メートルの液体の映写室，6×8メートルの触覚の部屋（「赤ちゃんの箱」），10×2メートルのありとあらゆる器材のある廊下，4×3メートルのサウンドスタジオと4×3メートルのボールプールである。その宿泊のできる施設は，部屋にある種の親しみを与える2つの大きなスクリーンのドアを通って，アクセスすることができる。このドアを抜けると，あなたは照明に飾られた2つの床，そして，その間に，床板がフット・チャイムになっている廊下に入る。熱気と冷気の壁は，匂いと結合し，ここに嗅覚トレイも置かれている。壁の上には，触覚の板がいくつか取り付けられている。一隅には，照明された床と，一緒にさまざまな効果をもたらす鏡の壁がある。この廊下を通って他の部屋に行くことができる。液体映写室は，全面が白い柔らかい床でできている。この床には，3つのバブル・ユニットを用いて，一種の島が作られている。天井と壁も白い。液体・スライド・映画の映写機，ミラーボールやシャボン玉製造機は，リモートコントロールによってスイッチをオンに入れることができる。触覚の部屋にも，柔らかい床がある。壁には，触覚板がある。そこには，その上や下をはいまわることのできる，柔らかい触覚物がいくつか置いてある。天井のレールから，さまざまな触覚カーテンが下がっている。この部屋の窓は，色の付いたパースペックスを用いて映し出され，スライドするパネルによって暗くすることができる。

　スタジオの中で強調される点は，光と音の組み合わせにある。壁の1つには，すべての音声信号を可視化できる投影スクリーンが装備されている。反響装置は，部屋に特別な次元を提供する。テープデッキのテープは，あらかじめ

記録されたテープや自身の記録テープの両方を再生することができる。この部屋でワイヤレス・ヘッドフォンを着けると，素晴らしい音響効果を楽しむことができる。自分が巨大な洞窟の中にいるような感じがする。一連の座席装置は，多くの快適な座席を提供している。ボールプールの部屋は，壁に沿ってすべて柔らかな縁になっている。一方，これは座席の設備として機能している。もう一方で，これはプールと壁の間の緩衝材としても機能している。ボールプールの上に，ハーフボールの鏡が天井に付けられ，壁には平らな鏡が付けられている。これらは，すべての側から自分を見ることを可能にし，立体感を創り出す。利用者が意図せず，間違った方法でそれを使うのを防ぐために，音と光の機器はできる限り中央の部屋に配置してある。防火性も，またここでは一役を担う。ハルテンベルグセンター全体のスヌーズレン施設は，専門的な方法で設定されている。これは，火災に対する安全要件とメンテナンスを念頭に置いて行われている。ここに投資することは，完全に安全性が保障されることが証明されている。メンテナンスは，比較的少ない時間で済む。ボールプールのクリーニングだけは，平均２週間おきで約半日かかる。私たちは，今まで機器に関して，特にほとんど問題はなかった。映写と電球を変えることは，これまで最大のメンテナンス項目であった。ハルテンベルグセンターの外から来る多くの人々は，このスヌーズレンの設備に対して多くの関心を示した。時々，私たちは，他の機関からグループで来る人々に，私たちの施設でスヌーズレンを提供している。

## スヌーズレンの中での音楽とその適用

### 概要

　私たちは，しばしば質問される。「あなたは，何を『スヌーズレン』の音

楽と考えているのか？」と。私たちは，その質問にこの章で答えていきたい。決定的な回答を提示することは不可能である。音楽ほど個人的なものは他にはないからである。スヌーズレンルームで，音楽は2つの方法で使用することができる，と以前私たちは指摘している。手段の1つとして，私たちは雰囲気としてのバックグラウンドミュージック（BGM）を考えている。もう1つは目的として，私たちが意図的に特定の反応を引き起こすために音楽を使用する場合がある。本書の別な章で述べているように，特別に装備された「聴覚の部屋」で音楽を操作するのは，後者の場合である。

　さらに別の分類がある。音や音楽は，テープ・レコーダーやレコード・プレーヤー，テレビなどのような機械的な手段で生み出すことができる。しかし，たとえば，歌うことやハミングすること，口笛を吹くこと，楽器を演奏することは，「ライブ」でも生み出すことができる。はじめに，楽しい雰囲気を作るのに必要な雰囲気を醸し出すメディアとしての音楽の使用について検討する。普通，まず，テープやレコードを演奏することを考える。主要な質問は，どのような音を，そして，どんな音楽を提供するのか？　ということである。音楽はここでは最も重要な役割を果たしているので，それについて詳細に検討しよう。

　まず第一に，どんな要素がスヌーズレンの音楽の選択に関係しているのかについて自問する。前提として，「本当のスヌーズレンの音楽」といえるものは，存在しない。つまり，店で購入することはできないということである。スヌーズレンの音楽は，スヌーズレンの音楽の名に値する基準にふさわしい一連の作品をもたらす音楽に付けた名前である。たとえば，これらの基準は，主観的な判断——音楽の好みに基づいているため議論の余地がある。そして，みんな，「蓼食う虫も好き好きである」ということも知っている。また，私たちはどんな社会的環境の中で育ったか，その生い立ちもすべて関係してくる。父親が教会でオルガンを演奏していた人はバッハがとても好きかもしれない。なぜならば，彼や彼女はバッハの音楽をよく知っており，それを高く評価しているからである。ジャズがとても好きな家庭から来た人ならば，ジャズはあなたの音楽の趣向に確かに影響しているだろう。私たちが生きている時代も重要な役割を果たしている。さて，スヌーズレンの音楽の

ための一般的な基準はあるのか？　答えは「ある」だが，私たちは上記の制限を心に留めておく必要がある。

　具体的な形で，これらの基準を提示するために，私たちはしばらくスヌーズレンの柱の1つに戻らなければならない。私たちは，刺激を選択し，削減することで，知的障がいのある人の世界から混沌と脅威をより少なくすることを目指している。彼の世界はしばしば非常に緊張している。そして，私たちはそれをよりリラックスしたものにしようとする。音楽のどのような性質が，入所者をリラックスさせることができるのだろうか？　ここで，多少の音楽理論を避けることはできない。

## テンポ

　音楽において最も基本的な構成要素は，テンポである。それはまた，人間の人生における決定的な要素の1つでもある。私たち自身のペースは，多かれ少なかれ私たちのパーソナリティに埋め込まれている。速い人々がいれば，遅い人々もいる。私たちのテンポは私たちの精神状態によっても影響を受ける。私たちが神経質になっている時には，テンポは上がり，事を急ぐものである。そこには，また外部の要因も関係している。暗い天気は私たちを落ち込ませ，明るい天気の日は，私たちの気分を良くさせる，そして，テンポも上がる。私たちの鼓動は，しばしばこれを示す。心の状態が鼓動に影響を与える。「心臓が口から飛び出す」。たとえば，私たちがスポーツを練習している時，身体運動はテンポを増加させる。

　いくつかの音楽作品は1テンポで再生され，テンポが変化する作品もある。速いテンポが遅くなった場合，心を落ち着かせる効果を持つことができ，逆の場合には，緊張をもたらす。一般的に，テンポが多く変化する楽曲では，ほとんど心を落ち着かせることがない。このことからスヌーズレンでは，落ち着いた，あまりビート（拍子）が早過ぎない音楽を選択するようにする。

## 小節

　私たちは，楽曲を小節によって一定の時間単位で分割することで，時間の構成単位の中で音楽作品を分けている。小節の間のカウント数は，時間を示している。たとえば，私たちは4分の4拍子や4拍子（1, 2, 3, 4）を知っている。ワルツのリズムを聞く時，私たちは左右に揺れる傾向がある。拍子がより安定していればいるほど，私たちが聴く音楽はより魅力的である。

## リズム

　リズムは，長い音符と短い音符を交互にすることによって決まる。リズムは感情と関係がある。アフリカのダンスは，メヌエットより強いリズミカルな構成になっている。このため，私たちの多くは，後者の方がより「洗練されている」と考えるのである。私たちは，よく知られている「hi, ha, hap-pe-ning（ヒ，ハ，ハ-プ-ニング）」[注6]のようなリズミカルな曲が私たちを奮起させることを知っている。しかし，単語「ap-ple-juice（アッ-プル-ジュース）」のリズムのような，非常に落ち着いたテーマもある。連続したリズムの繰り返しは，非常に刺激的である。有名な例は，ラヴェルのボレロである。

## メロディー

　ピッチの異なるたくさんのトーンが表情豊かに連続して配置されると，メロディーが生まれる。メロディーがその音楽作品の特徴の大部分を決める。要するに，メロディーは，マイナーキーやメジャーキーで記述することができ，また作品のムードを設定する他の特徴的なスケール（尺度）でも記述することができる。多くのピーク（頂点）と上昇するメロディーは，刺激的である。下降するメロディーは，心を落ち着かせる。音楽の理論において，1つのトーンから別のトーンへのジャンプは「間」と呼ばれ，これらの「間」も特定の影響力を持っているが，ここでそれを議論することは止めておく。

## ハーモニー（調和）

　2つ以上のトーン音が同時に聞こえる時，私たちはそれをハーモニーと呼ぶ。調和または不調和といった概念は，実際には存在しない。それを好きかどうかの問題である。音楽の一作品としてのハーモニーは，そのムードを大きく左右するものである。コントラストの強いトーンは，緊張を呼び起こす。少ないトーンには，安らかな効果がある。同時に聞こえるかなり多くの楽器の音は，やや混沌としているかもしれない。1つの声の方が，聖歌隊よりもリラックスできるかもしれない。

## 強弱の変化

　一般的に，これは1つの作品の活気の程度である。それは，テンポ，音量，メロディーの上昇や下降，和音の音列の緊張と安堵のような緒要素で決められる。前述した，ラヴェルのボレロでは，楽器がどんどん増えていき，それがダイナミックさを生み出し，徐々にテンションが増す。

## 形式

　どんな音楽作品にも，それが一般的なものであれ，そうでないものであれ，何らかの形式がある。それは，一般的なものもあるし，そうでないものもある。たとえば，特定の形式の構成が計画通りに繰り返される作品がある。一方，ほとんど形式を持たない作品もある。強く体系化された音楽は，リスナー（聴く人）に対して非常に構造的な作品としての影響を与えることができる。

## 音色

　トーンが音楽の基礎を形成しているので，ここでは音色の概念について述べる。各楽器は，それ自身独自の音色を持っている。前に私たちは，トラン

ペットがバイオリンとは異なる音が聞こえることを述べた。トーンのピッチや，持続時間，そしてボリュームはこれに影響を与える因子である。楽器の音色は心地良いか，または不快なものとして経験される。

## 選曲の仕方は？

　平均的なリスナーは，1曲をそっくりそのまま体験し，上述の要素を活用して音楽を解きほぐす試みをほとんどしない。知的障がいのある人は確かに音楽を分析しないし，理性的には聞けない。彼は，自分なりの方法で音楽を経験する。私たちはスヌーズレンの音楽によってリラクゼーションを提供し，その雰囲気を作りたい場合は，上記の基準に従って，私たちの探究を始める。

　いつもできるだけ客観的にこれらの基準を使い，あなた自身の趣味はさておいて，入所者の耳を通して聞こうとする必要がある。「耳は，魂への直接の入り口である」(Schiller)。上記は，たとえば，クラシックとポピュラー音楽は同様に価値があるということを明白にしている。海の音を背景（BGM）にしたパンパイプは，一所懸命演奏している完璧な交響楽団より，多くの雰囲気を提供するかもしれない。初めてスヌーズレンテープ用の音楽を選ぶ際に，あなた自身の興味や，音楽の分野でのこれまでの経験から開始するのが賢明だろう。たとえば，あなたがクラシック音楽についてほとんど何も知らなかったら，最初は何曲かのムードミュージック，あるいは，ポピュラーミュージックを試すといい。レコード店と地元の図書館で，あなたはさまざまなレコードやテープを見つけるだろう。しかし，常に上記の基準を念頭に入れて聞くといい。

　適切な小さな作品を見つけたら，テープにそれらを録音する。作品と作品の間隔は十分長く，少なくとも10秒以上であることを確認する必要がある。これで，利用者は次の作品に「切り替わって」いくことができる。各々の作品がどれくらいの間隔でなければならないか，という時間の長さの指示を与えることは困難である。これらをバックミュージックとして使用する場合，私たちは2分半以下という短い作品を使用しないことをお勧めする。長

い作品には，利用者がしばしば無意識のうちに，より長い音楽のジャンルに備えることができるという利点がある。知的障がい者は，このために若干の時間を必要とする。比較的長い持続時間の作品にも「小川のせせらぎ」といったアイデアのようなものが多くあり，したがって，よりリラックスできることになる。

　あなたはスヌーズレンルームへ来る利用者がBGMを聞く時，意識して聞いているか，あるいは完全に聞き流しているか，どっちだろうと思うかもしれない。確実に，後者ではない。なぜなら，音楽の特定の作品が特定の反応を呼び起こすことがわかっているからである。利用者が他の感覚も選択的に使える余地を残すために，利用者のすべての注意を引き付けてしまわないように音楽を提供することに成功した。音楽はあまりうるさくてもいけない。したがって，それぞれの部屋や特定の活動ごとに，音量は調節可能でなければならない。適切な曲目をあげてほしい，という質問に答えるために，本書の後ろにそのリストを載せてある。そのリストは，タイトルについて言及しているだけであるが，音楽はさまざまな方法で演奏されるので，かならず，まずは聞いてほしい。最終的な提案であるが，歌に関していえば，歌詞を理解しているかどうかは重要なことではない。このことは，リスナーの注意や関心，エネルギーを過度に求めることになり，不必要で余分な刺激を与えることになる。


**ライブ音楽**

　音楽を自分で演奏することの利点は，音楽を「その場にふさわしいもの」に創出できることである。歌うことや，やさしく楽器を演奏することは，BGMとしてとても役立ち，その場の雰囲気を高めることができる。すべての楽器が，この目的に適しているというわけではない。率直に言って，フルートの方が，ドラムセットよりも，スヌーズレンの雰囲気にはより適している。不利な点は，演奏家と楽器が多くの注目を集めると，音楽の背景ではなくなることである。

第3章　日々の実践におけるスヌーズレン

### 聴覚の部屋での音楽

　特別な音響の部屋は，おそらく利用者からの反応を引き出す効果が考えられ，音響およびその音楽作品を提供することができる。音響と音楽作品に限っていえば，その可能性の範囲は広いので，前述したものを参照してほしい。どのような音楽を選択するかは，利用者の反応に完全に依存している。私たちは，利用者に想起してもらうことを目指し，それゆえ特定の状況にこだわるものである。

　留意してほしい。雰囲気を作るために音楽を使いたければ，膨大な種類の楽器や音楽作品を用いるよりも，「小川のせせらぎ」を作る必要がある。音楽を1つの目的に使用したい場合には，テープの構成において，より明確な対照のものを使わなければならないだろう。小川のせせらぎは，時々，「雷の鳴る山の急流」のように大きくならなければならない。しかし，音楽が利用者にとって不快な経験になるような極端なところまで決していってはならない。私たちは，音や音楽の源（出所）を直接利用者へ提供することができるので，器材や楽器を用いたライブショーを提供することはとても興味深いものにできる。

# 特に注意すべき点

### 観察と評価

　スヌーズレンは，私たち自身も完全に参加する活動であるため，そのような状況での私たちの観察はかなり主観的なものになる。私たちは，全体の雰囲気によっても強く影響されている。そして，そのことは，利用者と環境設定の客観的な観察を難しくする。あなたがより良い画像（イメージ）を得る

ことができるように，あなた自身をその集団から切り離すべきであるというつもりはないが，あなたが自身の知覚の主観性について意識することは良いことである。利用者がスヌーズレンルームで経験することによって，何らかの画像（イメージ）を作ることは重要なことである。あなたは，あなた自身に尋ねることができる。彼は病棟と比較してスヌーズレンルームでは，より静かになるのか？　彼がスヌーズレンルームにいる時，彼の行動は変わるのか？　この種の質問を通して，あなたは利用者の経験に対する洞察を得ることができる。

　あなたが，利用者のスヌーズレンルームでの確かな経験と居住している部屋での行動との間に，相関関係があるかどうかについて調べたければ，口頭で，そして書面で，この情報を伝えることが重要であることがわかる。このデータの定期的な評価は，スヌーズレンのさらなる発展の実現のために不可欠である。特に注意をするポイントは何か？　利用者がスヌーズレンルームの特定の部分が気に入っているのかどうかを見つけ出してほしい。何回，スヌーズレンルームに来るのか。これらの情報は，新任の職員にとって，大変役に立つ。このようにして，彼らは，利用者がスヌーズレンの部屋でどのように活動するのかについての画像（イメージ）を作ることができ，スヌーズレンに備えることができる。

**調整**

　もし，居住環境内に，または外部のいずれかにスヌーズレンルームを設定したい場合は，まず初めに，基本的なアウトラインを作成すべきである。その要素としては，利用者の人数と利用できるスペース，安全要件，メンテナンスと，もちろん，財政面についてである。これらは，それぞれの施設によって大きく異なるだろう。1つの主な要素もまたスヌーズレンへのアプローチにある。上記の概略は，いつも重度知的障がいのある入所者に対する確かな見方とスヌーズレンの活動が基本である。

　なお，スヌーズレンは，どんどんと開発することができる作業の1つであることを理解することも同様に重要である。したがって，それは，ほとん

ど，あるいはまったく変化のない部屋であるという固定概念になってはいけない。まず初めに，利用者がそれを行いたいという利用を目的としたスヌーズレンルームを設定する，ということが重要である。私たちは，それを全力で考え，新しい器材と活動を開発していく者である。だからこそ，私たちは，さらなる発展や進化のため，基本的な計画に検討の余地を残す必要がある。部屋を器材で一杯にして，完成した，と思ってはいけない。私たちは，設備やその使用方法を変えることができる。部屋からはより多くの恩恵を被ることができる。上記の観察と評価は，やがて，適切な調整と付加を加えることで，役に立つかもしれない。

## 財政的な側面

疑う余地もなく，スヌーズレンルームの費用が結局いくらになるのかについて，私たち自身に問わなければならない。もちろん，これは，使用される材料の質や量に強く依存している。ここでは，スヌーズレンルームとして使用するための施設の選択やその適合性も重要なポイントである。防火条件とメンテナンスは，素材の品質を決定する。これらの要素は，それぞれの設備ごとに異なる。しかし，安全と衛生状態については，決して節約すべきではない，というのが私たちの意見である。

事前に，できる限り段階ごとに，原価の見積りをすることである。基本的な設定で始めることである。それは，実践をしてみて，こういうのが望ましいということがわかった時には，まだ拡張や調整を行うチャンスがあるからである。他者の経験から得られることは，しばらくの間，スヌーズレンルームを使用している施設に問い合わせてみることである。また両親に尋ねることである。中には，技術的な面であなたを支援することができる人々がいるかもしれない。メンテナンスのための維持費が毎年かかることを忘れず，予算にこれらを考慮して入れることである。

## 著者注

Orffと呼ばれる道具について　Orffの道具は，小さなまたは大きなパーカッション道具，手拍子やトライアングル，やかんドラム，グロッケンなどのセットのことであり，後にデザイナーや製作者がOrffと名づけた。

## 監訳者注

1　スヌーズレンという用語は，今日では，オランダ語の辞典"Het Van Dale Droot woordenboek van de Nederlandse taal"，またドイツ語の百科事典"Brockhaus Enzyklopadie"にも掲載されている。

2　『パンチとジュディ』の人形劇について　この人形劇は，昔からよく子どもが集まるお祭りや夏の海水浴場などで見かける人形芝居（Puppet Shows）である。もともとは，イタリアの人形劇で，1662年にロンドンのコヴェント・ガーデンで初演されて以来，英国の子供たちが笑い転げて夢中になる，人気のあるキャラクターである。内容は，仲の悪い夫婦「パンチとジュディ」がいて，パンチは大きな曲がった鼻と真っ赤なほっぺが特徴で，こん棒を持って，奥さんのジュディや警官までも殴ってしまうというドタバタ喜劇である。(参照 http://apd2.exblog.jp/11372842/ 2014年5月10日)

3　1フィート＝30.48センチメートル，1インチ＝2.54センチメートル，1ヤード＝0.9144メートル，1ヤード＝3フィート＝36インチ。

4　トレモロについて　震えるの意。同じ音や異なった2音を小刻みに反復しながら持続する演奏法。マンドリンなどの弦楽器で特に用いられる。震音。(参照 http://kotobank.jp　2014年5月10日)

5　ラインライトは，ブラックライト（紫外線）に反射するプラスチック製の長さの異なる，天井から吊るしたカーテンのようなものである。

6　hi, ha, happening　スタッカートで表現する，よくあるリズムの一例。

# 第4章　スヌーズレンでの体験

## はじめに

　私たちが，ある場面での経験について話をする時，それはその場面での人々の反応のことを意味している。それぞれの新しい場面は，人々のさまざまな反応パターンを呼び起こす。馴染みのある状況では，私たちは認識可能な活動や行動パターンで反応しているが，すべてが新しい状況下では，新たな活動範囲を引き出し，その結果として，別の行動を呼び起こすことがあるかもしれない。私たちはまた，お互いのジェスチャー，顔の表情，発した声，目つき，発した言葉に反応する。これは，私たちがお互いにやりとりをして理解し合う方法である。それは私たちが親しんでいる，文化的に定まった行動である。それは私たちのコミュニケーションの方法である。その後で，私たちは，自分たちの経験について，たとえば，それが楽しかったのか，あるいは不快だったのか，またはそのどちらでもないのかを，言葉で説明することで強調することができる。

　しかし，重度知的障がいのある人々は，これらの能力を持っていないか，または，ほとんど持っていないように見える。あるいは，彼らは，私たちが認識できない方法で物事を行っているに違いない。利用者が特定の場面でどのような経験をしているのかを見つけ出すことは，私たちにとってとても難

しいことである。重度知的障がいのある人々は，顔の表情やジェスチャー，そして私たちにとってはコミュニケーションを行う上で最も重要な手段である音声を，ほとんど変えない。しかしながら，彼らは視線や頭の向きといった他の表現手段をしばしば使用する。したがって，私たちは，彼らのレベルで他のコミュニケーションの方法を見つけなければならない。実際的にいえば，これは私たちの反応をかなり活発にして，私たちの行動をサポートするために自分たちの声を使わなければならないことを意味する。これは，多くの言語の使用に基づくコミュニケーションの方法とは異なっている。

　知的障がいのある人のレベルでコミュニケーションするということは，折に触れて抱きしめたり，彼らと同じように，一緒に横になったり，座ったりすることである。彼らとの関係を構築したいという衝動に始まる私たちの影響は，最初は最小限でなければならない。私たちは，入所者から送られるサインを，絶えず「受け入れ」なければならない。そのような場面では，私たちは自分自身の立場を明確に示し，感情を表さなければならない。もちろん，私たちは，戸惑うことがある。誰かが見ていると思うと，自然な接触が妨げられる。私たちが当惑する主な原因は，このように接触をはかることに慣れていないということである。そのようなコミュニケーションは，私たちの基準や価値観からはずれている。彼らのコミュニケーションレベルに「降りる」ことで，私たちは彼らととても親しくなる。彼らは，自分の経験の枠組みの中にその状況を置くことができ，そうした瞬間に，親密な接触があるかもしれない。私たちは，自分自身の感情をもはや除外することはできない。私たちはもはや利用者の指南役（ガイド）ではなく，完全に彼との活動に参加する，平等なパートナーである。同僚が私たちの活動を見たら笑うだろうという考えを取り除く必要がある。私たちの日常のルール（「他のレベル」）しか知らない同僚に見られても戸惑わなくなるのには，何か月もかかるだろう。利用者がいれば，この困り感を感じることはない。

第4章　スヌーズレンでの体験

## 入所者（利用者）の反応

　あなたは，多くの利用者がスヌーズレンルームに入ると，ある程度用心深くなることがわかるだろう。利用者にとって，光や音，触覚，匂いのあるこの世界は，いくぶん奇妙に見える。しかし，この一時的な用心深さは，あまり長くは続かない。彼は，すぐに自分が好きなスポットライトを自分のやり方で見つけるだろう。彼の選択は，私たちと同じではないが，これはとても魅力的なものである。最初は，私たちには特別には何も見えない場所が何なのかを私たちは不思議に思うかもしれない。私たちの理性的な心は説明を求める。なぜ，彼はそこに座るのか？　一見すると，私たちには，特に何も見えないが，注意深く見ると，私たちはそこに何かがあるように見える。大きいスポットライトが数時間照らした床の上の温かい地点，または，動く光の

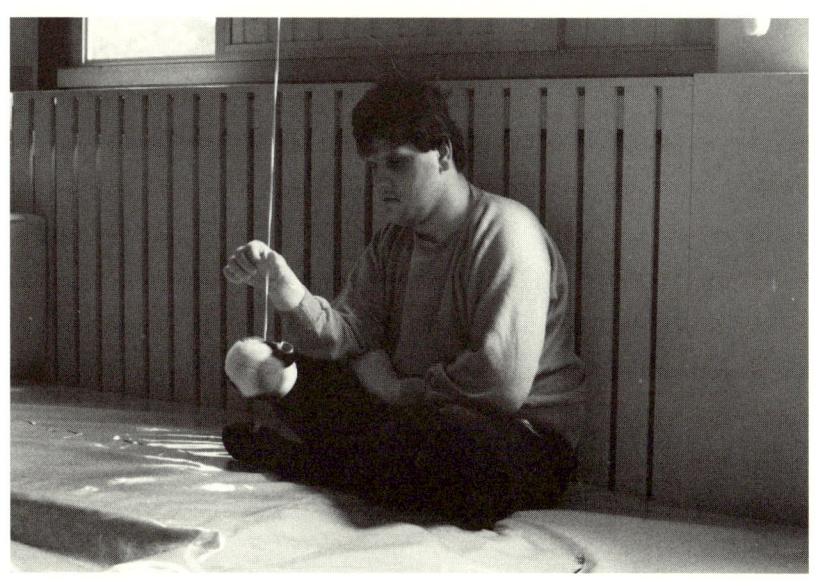

天井から吊るした遊具を触って遊ぶ利用者（入所者）

つぶのように，それはとても繊細なものである。私たちはそれらをあまりにも「シンプル」なものと見なすために，つい見落としてしまう。このような場面で，私たちは，そのような単純な喜びを楽しむ時間を過すことを学ぶ。利用者が私たちにスヌーズレンについて教えてくれている，といえる。彼（利用者）は，私たちにある種の本格的な感覚を経験させてくれる。利用者は，スヌーズレンルームでは，最初に私たちがそこに入る時と，まったく異なる方法で部屋の中を移動する。彼は，比較的速やかに床に座るか，一か所にただ立っているかもしれない。こんな時には，私たちは彼らをそこから連れ出し，次の活動に参加させたいという衝動をしばしば感じる。
　何人かは床に横になる。これは，最も探索を行いやすい直接的な方法である。なぜなら，素材とより緊密に接触する方法をとれるからである。体の大部分は，環境と接触している。それは，私たちにとって普通ではない「素材の探索」方法なので，私たちは多少ためらいを感じる。体全体で周りの環境を感じることは，すべての感覚が最適に使われるという総合的な経験である。この最も著しい例は，利用者がバブル・ユニットを経験する時に，現れる。
　私たちにとって，バブル・ユニットは気泡の流れと変化する光の効果のため，主に視覚的な価値を持っている。私たちは慎重にバブルチューブに触り，バブルチューブ全体が動くのを感じると，素速く手を引っ込める。なお，パースペックスがガラスによく似ているので，私たちはチューブが折れるのではないかと恐れる。ガラスは壊れやすいので，私たちが素速く手を引っ込めることで，その振動やチューブの暖かさをほとんど感じることができない。私たちは，自分自身を視覚認知だけに制限してしまうことになる。同時に，視覚障がいのある利用者は部屋に入り，バブル・ユニットの方へ手足を動かし，手探りで進む。バブル・ユニットにたどり着くと，チューブを自分の体でくるむようにする。私たちは，何が彼をこのようにさせるのかを不思議に思う。なぜなら，私たちは視覚的な側面に集中しているからである。この利用者は，気泡や色のほとんどが何も見えないのに，何が彼を魅了しているのだろうか。

私たちが同じように驚いたもう1つの例は，すべて視覚刺激で照らし出された床である。私たちは，交互に点灯する明かりに魅了される。私たちがこの床を歩く時，常に変化する光の効果に心を打たれる。利用者が，Tシャツをまくり上げて床に横になり，点灯する場所の上に自分のお腹を押し付ける時，私たちは好奇心から，手でその床を触ってみる。私たちは，それが心地良い暖かさがあり，それぞれの色の場所によって温度も異なるということを発見する。この時点で，私たちは靴や靴下を脱ぐかもしれない。また，その後にその床の「感触」を経験するかもしれない。私たちにとって，これは，もう1つの「見方」である。この2つの例は，利用者のスヌーズレン器材による繊細な経験に誘発されて，私たちがどうしたら感覚を最適に利用することができるのかを大変よく示しているといえる。

## 両親の反応

　重度知的障がい児の両親の多くは，最初は，スヌーズレンを用いて行うあらゆる活動をおそらくとても奇妙に思うだろう。両親は，ディスコのように見える場所に作られたあらゆる機器から子どもが恩恵を受けるという考え方に，なかなか慣れることができない。しかしながら，私たちはこれを用いることに非常に肯定的な経験をしてきた。おそらくその主な理由は，両親が最初から，まったく新しいこの活動の形に直面してきたという事実があるからである。多くの両親は，彼らの息子や娘の反応に大きな驚きを示している。というのは，あらゆる種類の奇妙な効果，シャボン玉，空飛ぶバルーンとストローのある部屋を歩きまわることは，人が毎日することではないからである。しかし，この知覚の方法は，彼らの息子や娘のために重要な意味を持つということを，子どもたちの反応によって彼らは確信したのである。

しかしながら，この「活性化」の形は，多少の慣れが必要である。知的障がい者のケアに関わるすべての活動は，彼らの発達を目的として使用されている。このことは多くの場合，重度知的障がいの入所者を余り者のグループのままにしてきた。そのため，このような子どもたちの多くの両親は「私の子どもは，何もできない！」と考えた。自分の子どもが無力であるというこの感覚は，8年前に両親が本当に自分の子どものケアについて発言権を持っていなかったという事実によってもわかる。施設の中での両親の参加というのは，最近になって見られる進歩である。両親は，施設でどのような活動が彼らの子どもに提供されているのかという大まかな知識以上のものを，ほとんど持ち合わせていなかったのである。彼ら自身，ほとんど参加しなかった。それは，「専門家」のやる仕事だったからである。

　スヌーズレンは，「専門知識」が必ずしも必要ではない活動であり，何年ものトレーニングを必要としない情緒的な作業である。両親は，スヌーズレンに対してまったく不安がないことを間もなく感じる。両親の直接参加，両親の子どもとの接触は，スヌーズレンの中で明らかに表われている。両親は，子どもが，光のつぶや最もかすかな音などのとても繊細な刺激にも反応する姿を目撃する。最初は，両親は受動的にスヌーズレンに関わっていたが，だんだんと彼ら自身が活発に参加するようになるのである。もちろん両親がスヌーズレンの個人的な専門知識をこの経験から持つのは当然なことである。


## 職員の反応


　スヌーズレンの中の入所者に対処する私たちの方法は，一般的な活性化の方法からは，かなりはずれている。スヌーズレンは，直接的な作業が要求されないという点で，本来は受動的な活動である。スヌーズレンの環境は，多

第4章 スヌーズレンでの体験

様性に富んだ刺激を提供しているので，常に私たちを魅了する。入所者に対する私たち自身の関わりは，最初は，最小限に留めなければならない。私たちは，利用者がどこに座り，あるいはどこに横になりたいのか，自分で決めるあらゆる余地を残す。彼が，私たちがいつ他の場所や部屋に行くのかを決める。彼が，私たちが彼の隣に座ることができるかどうかを決める。ある意味で，私たちは彼の経験に左右されている。重度知的障がい者のために計画された他の種類の活動との違いは，この点が最も大きいといえる。通常，私たちが次に何が起こるのかを決める。私たちが活動を構造化し，私たちがどのくらいの時間をそれに費やすのかを決め，私たちが彼がどこに，座ったり，横になったりできるのかを決める。この状況では，彼は完全に私たちに依存している。

　スヌーズレンでは，私たちが彼に適応することが要求されている。スヌーズレンルームの雰囲気も，私たちの精神状態に影響する。それは通常，私たちをよりリラックスさせる。その理由の1つとしては，利用者の行動が多くの場合，とてもリラックスしているからである。また，直接的な活動を，私

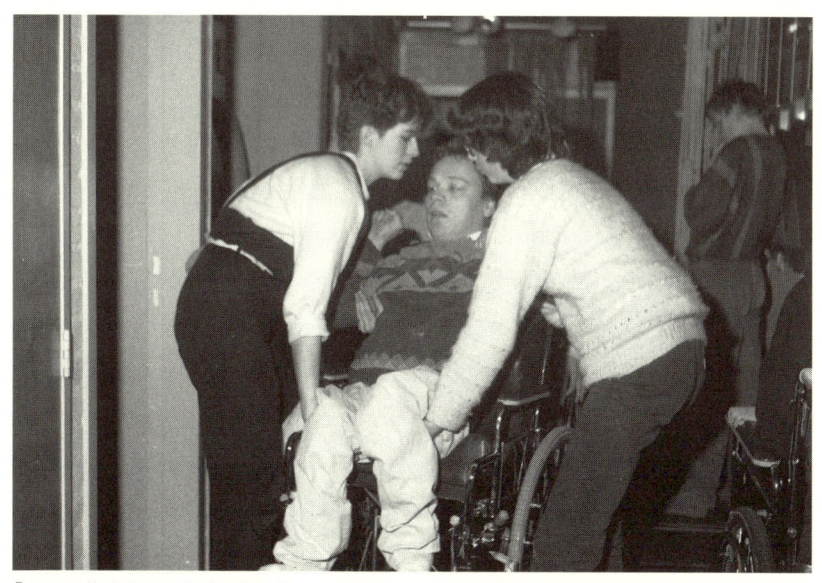

『そこに着く私がそうする』　車いす利用者にとって，多くの可能性もある。

たちからは何も期待されていないからである。私たちは，自分を取り巻くすべての印象をじっくりと感じることを学ぶ。概して，私たちの印象はむしろ表面的で，遭遇する新しい状況の全体像をすぐに得ようとする。私たちは，また，最初は馴染みのないものすべてを探索することによって，確実性を得ようとする。この確実性を得て初めて私たちは自分の周囲をさらに見て調べる。視覚は，他のすべての知覚を後方に押しやってしまうほどに支配的である。このように，私たちは，自分たちの周りの世界の映像（イメージ）を形成するにあたって，視覚以外の自分の持っている感覚の能力をフルに活用することをしない。

　自分の感情を無意識に処理できてもできなくても，私たちが自分の感情が抑制されているとどれほど感じているかが，スヌーズレンルームの利用者と私たちとの関わり方を決定する。時間は，スヌーズレンルームにどれだけ落ち着きがあるのかを決めるため，重要な要素である。時間は，私たちが行うすべてに関係する要素である。スケジュール，時間割，予定，職務時間，食事時間など，どのくらいの時間が活動のために残されているのかを決定する。しかしながら，奇妙なことは，私たち自身が，自分たちが作る予定に最も縛られているということである。要するに，私たちはしばしば，自分自身に苦労を与えている。実際には，私たちは多くの場合，とても厳しく予定を守るように習慣づけられていることがわかる。これらすべての要因が，私たちがスヌーズレンルームで何をするのかを決定し，このことが利用者に間接的に影響を及ぼしている。

　スヌーズレンは，時間や職務内容の変化，食事時間などとは無関係に行われるべきである。介護福祉士が，初めて入所者のグループと一緒にスヌーズレンルームに入る時は，多くの場合，さまざまな物を簡単に見て回る視察旅行にすぎない。それは，急いで見てまわる博物館への訪問のようにも見える。間もなく，彼（彼女）は，いろいろな情報を集め，刺激（経験）を読みとり，これを入所者と共有しようとする。多くの場合，利用者の手を取り，さまざまな物を一緒に触り，視覚的な効果を指し示し，次の部屋に連れて行く。これは，むしろ知覚するためのやや人工的な方法（不自然な方法）のように見える。全体像を得ようとする，私たちの表面的な知覚が，この種の行

動とその結果，入所者との関わり方を確定するのである。

　私たちは，重度知的障がいのある入所者とどこかを歩く時，通常手をつないで彼を連れて行くが，これは私たちが思うほどあたりまえなことではない。その行為は関わりを妨げているかもしれない。なぜなら，彼は，あなたが彼にあなた自身を押しつけていると感じているかもしれないからだ。気分転換に，彼や彼女の腕や肩，または背中を抱えることもできる。彼の隣りを歩くだけで十分なのかもしれない。そうすれば，彼は，彼自身があなたの手を取って歩くかもしれない。これは，心に留めておくべき微妙な小さな事柄である。スヌーズレンルームへ行く時，職員は，しばしばグループをひとまとめにしようとする。これは個人にとっては，ほとんど余地のないことで，少しの自由もない。利用者は，グループの仲間によって制限されたと感じて，どこかへ逃げ出したいと思うかもしれない。私たちの総合的な視点からのニーズは，改めてこの種の接触に関して，決定することにある。

　しかし，私たちが数か月後に同じ職員に会うと，彼はスヌーズレンルームではまったく別の態度で適応しているのには目をみはる。彼は，入所者をまったく自由にさせている。然るべき時には，彼はその場面を慎重に操る。彼はまた，より多くの時間をかけて，スヌーズレンルームに小さなグループを連れて来る。毎日の決まった行動とは対照的に，スヌーズレンについて職員に教えているのは，利用者自身である。介護福祉士がこのことに敏感ならば，彼は利用者が何に本当に興味があるのか、光のつぶか，泡の振動か，または触覚板の革の小片か，それを見て，そこから学ぶ。私たちにとっては，ほとんど価値を持たないものが，利用者にとっては大きな価値があるものとして考えられることがある。これは本当に重要なことである。

# 第5章　スヌーズレンに関する議論

## はじめに

　大半の施設では，スヌーズレンのケアのあり方がほとんど定まっていない。最初に担当した部署がそれを発展的に継承するのが通例である。しかし同じ施設の中の複数の部署でスヌーズレンが実践されていることがある。特定の部署がスヌーズレンを担当すべきであるという意見も多い。その場合，「組織内の力関係」に応じて，遊びを担当する部門，教育・心理学を担当する部門，作業療法や理学療法を担当する部門，あるいはレクリエーションを担当する部門で，採用されている。こうしたことは，スヌーズレンがどのように見なされているかによる。純粋なレクリエーションを目的とするのか，あるいは治療としての価値はあるのか。過去のすべてのケースを見てはいないので，ここでは，この問題に関するアドバイスは控える。私たちが述べたいのは，たとえ，スヌーズレンが教育的な現象だとしても，それ自体は重度知的障がい者との関わりを高く尊重する部署や，この入所者のグループのノウハウが十分にある部署に属しているということである。
　スヌーズレンを主題にした議論が各所でたくさん行われていることは驚くにあたらない。この数年を振り返っても，多くの議論が展開されてきた。ここでは，客観性のため，よく耳にしたスヌーズレンに関する理念を述べる。

私たちの考え方が正しいと、あえていうつもりはないが、そうした考え方も、理念に関する議論の中で紹介したい。もちろん、私たちの意見は、長年の経験に裏付けられている。

　ある調査によれば、スヌーズレンルームは各施設で設置されているが、多くの場合、しばらく利用された後、ルームが撤去されるか、スヌーズレンが軌道に乗らないことが多いのが現状である。私たちがなぜスヌーズレンルームの設置を勧めるか、説明する必要はない。私たちはぜひ、人々にスヌーズレンルームを持ちたく・・ないと思わせているのかもしれない2、3の条件について、よく考えてみたいのである。ここで、考えられる原因にすべて言及するのは無理である。また、スヌーズレンの賛否を再び議論しようと思う。スヌーズレンに対する賛成意見と反対意見、さらに、規模の大小を問わず、常設のスヌーズレンルームを設置すべきかどうかに関しては、この問題を次の2つに大別することができる。第一は、哲学・・・上の問題である。つまり、重度の知的障がい者に対する見方や目的を巡る問題である。第二は、物理的な問・・・・・題・である。具体的には、部屋の入手の可能性、費用、スタッフの配置などである。いずれの問題も、当該施設における担当部門の優先順位に関係する。本章では、テーマをスヌーズレンの内容に限定して、その理念に関する問題について検討したい。

## スヌーズレンはリラクゼーションが目的なのか、それともセラピーなのか

　スヌーズレンは、目的であり、手段であるとも考えられる。施設がどのような形でスヌーズレンを取り入れても、上記の問題は残る。実際、スヌーズレンの開発を担当する部署が、その目的と内容に大きな影響を与えるのをよく見かける。スヌーズレンは第一に、ある種のリラクゼーションである、と私たちは考えたい。それは、文字どおりのレクリエーション（レジャー）で

はなく，安らぎを与える活動である。しかし，スヌーズレンルームに設置した器材と，それが作る雰囲気は，多かれ少なかれ，感覚を活性化する効果があることは否定できない。そのため利用者は，自発的な反応を示し，最初に環境をさらに探索するように行動するようになる。繰り返しになるが，ルームの雰囲気は魅力的である。スタッフは，器材と効果を部屋に持ち込み，利用者の手の届く範囲に設置するだけで活性化させ，そして，利用者が望むならば，別の部屋に連れて行き，彼が望む新しい活動を行わせる。私たちは，感覚の活性化とリラクゼーションのバランスを取ることを目的にしている。このような状況での経験は，おそらく，さらなる発達を促すだろう。スヌーズレンの中で，治療状況は必要とされ，創造的になり得る。利用者は，スヌーズレンルームに入ると，日常生活の状況と比べ，異なる行動をしばしば示す。問題行動のある施設入所者は，大抵，まったく異なる行動を示す。大体は，特別な雰囲気と活動と効果に圧倒されるからであり，自傷や破壊行動に陥ることが少なくなる。しかし，繰り返しになるが，私たちは知的障がい者の発達と治療をスヌーズレンの中心的な機能にしたいわけではない。

## スヌーズレンにプログラムを適用すべきか？

　これは，どのような意味だろうか。この設問は，スヌーズレンの利用方法に関係している。スヌーズレンは，知的障がい者の発達，感覚の活性化，さらに，必要ならば，セラピーにも使用できる。本書では，私たちの哲学に従って，スヌーズレンの目的をあえて事前に述べないことにする。スヌーズレンの利用法は自由である。たとえば，私たちに関する限り，利用者は，「白紙」の状態でスヌーズレンルームに入る。施設や設備は魅力的であるべきで，利用者は自分が経験したいことを自分で決める。スヌーズレンプログラムでは，スタッフがより大きな役割を担うことになる。プログラムを作成

することは，セッションの内容を事前に決めるということである。もし，たとえば，感覚の発達を目的としたプログラムを示したいと思ったら，次のような疑問が出る。ある目標を達成するために，どんな刺激を提供すべきか？どの感覚に焦点を合わせるのだろうか？　と。

　治療を目的とする場合は，どのようなスヌーズレンの活動が最大の治療効果を発揮するのかが問題となる。その場合のプログラムは，所定の活動を一定の順番で与えることを意味する。施設の入所者は，そうした順番に従うことを嫌うかもしれない。プログラムを適用することは，たとえば，あるカラーパターンに合った音楽を選んで流すことでもある。プログラムを適用することの正否については，さまざまな意見がある。しかし，利用者各自が自由に選択することが基本である。この点に関して，スヌーズレンには多くの可能性があるからである。

## スヌーズレンの限界

　何がスヌーズレンであり，何がスヌーズレンではないのか，その定義を質問されることが多い。本書の冒頭でも述べたように，私たちはスヌーズレンを明確に規定せず，自由に適用したいと考えている。ここでは，具体例をあげて説明することにしよう。ある入所者は，車椅子で屋外に出て，空から舞い降りてくる鳥の羽を見ている。羽は風に乗り，障がい者に近づき，やがて，膝の上に落ちる。障がい者はその羽を拾い，手に取って，頬にあてる。しかし，羽を握りしめようとすると，羽は再び風に吹かれて舞い上がる。この小さな羽に対する知覚には，あらゆる刺激が含まれている。それが経験に昇華されると，羽は柔らかで軽く，風に舞うという認識が生まれる。

　ある外来の利用者は，スヌーズレンルームに配置されたバブル・ユニットに頬を当てて，そのぬくもりを感じている。バブルチューブに耳を近づけると，

中から水が流れる音が聞こえてくる。チューブに手を添えると，軽い振動が伝わってくる。このようにして，知的障がい者は経験を得る。上記の2例は，設定に関してはまったく異なっている。ここでは，雰囲気については触れておらず，環境が刺激に満ちているかどうかを示していない。しかし，この2例は，知的障がい者の選択と個人的なペースが大切なことを示唆している。感覚を刺激するという意味において，上記の2例は，いずれもスヌーズレンと呼ばれるものであり，障がい者は知覚を経験に昇華している。専門的な機器がルームに設置されていなければ，スヌーズレンルームとは呼ばない者がいる。その一方で，たとえば，木の葉がサラサラと鳴る音を聞くだけでもスヌーズレンであると考える者もいる。上記の2例を分析例として提示すると，好ましい条件を作ることが必須条件であると考える者，いやそうではないと考える者が出てくる。ここでは，それは基本的な理念の相違ではなく，微妙なニュアンスの違いにすぎない。すべてのケースについて，たとえどのような環境下であれ，障がい者の感覚を刺激することが最も大切なことである。スヌーズレンを合理的に分析しようとすると，その独特の「ぬくもり」を無視する危険を冒すことになり，ほとんど恩恵を受けられないだろう。スヌーズレンを厳格に分析すると，「意識的に接する」意味が失われ，単なる趣味になってしまう。それでは，もはや調和のとれたものではなく，「カルト（非科学的な治療術）」にすぎなくなってしまう。

## スヌーズレンは重荷となるのか？

どのような活動でも，集中力と関心を維持する刺激が得られないと，私たちはそれを重荷として経験してしまう。この問題を克服する方法は，次の2つである。1つは，古い要素を取り除き，新しい要素を加えて活動を活性化することである。またはまったく新しい活動を提供することで活性化するこ

とである。これは，どのような職業にもいえることであり，スヌーズレンでも例外ではない。また，ここでも，変更することは，器材の持つ制限内で常に可能でなければならない。固定されていない器材を適当な場所に移動するか，または，新しい器材を購入してもよい。収容設備を変更することは，構造物が固定されているか，または構造上の要件や制限などにより，しばしば難しいかもしれない。新たな活動を加えたり，器材の配置を調整することは，当然ながら，予算の問題がからんでくることになる。スヌーズレンが一般的な活動と異なるのは，次の点である。すでに述べたように，知的障がいを抱えていない私たちは，知的障がい者に比べて，活動にすぐに飽きてしまう。そのため，スヌーズレンは比較的早く自分の「精神的な財産」になる。しかし，知的障がい者が刺激を精神的な財産にするにはより時間がかかる。知的障がい者は，理性的に理解できない物事をより純粋な自分の五感や印象を用いて補って理解しようとする。知的障がい者は，独特な，そしてたぶんより深い方法で活動を経験して自分の財産にする。スタッフが，時にスヌーズレンを重荷と感じることも否定できない。スタッフが負担を感じると，利用者に悪い影響が出る。しかし，スヌーズレンは，特別なルームに縛られているか否かにかかわらず，多くの可能性を秘めている。新しいスヌーズレン活動や器材を開発するスタッフたちの創造性から出発して，その「スヌーズレンの泉」が枯渇するまでには長い時間がかかるだろう。タイムスケジュールを用いないことは，知的障がい者の自発的な行動を促し，スヌーズレンが重荷となることを防ぐ上で有効である。

## スヌーズレンは一時的な流行にすぎないのか？

　スヌーズレンが飛躍的な発展を経験したことは，否定することができない。すでに述べたように，スヌーズレンは，夜空に輝く新星ではなく，すで

に広く普及している。スヌーズレンに対する爆発的な関心は，ほどなく衰退するのだろうか。私たちは，次のような理由から，そうは思わない。

　近年は，軽度の障がい者を施設から出し，重度の障がい者を施設に受入れる傾向が強くなっており，そうした背景を受けて，知的障がい者向けの活動に対する需要が増している。その上，特に重度の入所者に見合った活動を見つけることは難しい。症状が重いほど，「試行錯誤」の連続となる。それは，こうした入所者に活用できる理論が不十分だからである。つまり，「無からは何も生まれない」のである。私たちは，しかるべき注意を払い，重度の入所者を理解する状況を作ろうとしている。スヌーズレンとは，こうした発見の連続にほかならない。その可能性は大きく，新たな状況から，ユニークな取り組みが生まれる。スヌーズレンの可能性に限界はあるのか。少なくとも，当面はない，と考えている！

　重度知的障がい者や他のグループの人たちを対象とする場合，適切な活動の範囲は比較的狭い。そのため，新たな活動を教育プログラムに追加できたら嬉しい。スヌーズレンには，実験を行う多くの余地がまだ残されているが，もはや，スヌーズレンは実験と見なすべきではない。実験段階は終わり，現在は，それらを統合する段階に入っている。


## スヌーズレンは超現実的な世界なのか？

　知的障がい者は，スヌーズレンルームに初めて入ると，「なんだか怖い，ほの暗い光があり，SF映画を見ているようだ」という反応を示す。それは，スヌーズレンが超現実的な雰囲気を醸し出すことを示唆している。しかし，それは事実ではない。スヌーズレンは，現実の世界に他の要素を追加して構成したにすぎない。スヌーズレンの効果は，ごくありふれた器材と素材による産物である。しかし，その全体を提示されると，不思議な気持ちに襲

われるのである。それは「空想の世界」と呼んでもいい。私たちは，日常生活から逃れるために空想の世界を想像する。私たちは心地良いとわかる状況を用意しているだけである。私たちは，現実の世界を変えたいと思うが，それがかなわないとわかると，想像力を使って理想的な世界を作るのである。知的障がい者が健常者と同じような想像力を持っているかどうかはわからないが，いずれにしても，彼らの空想は心の中で具体的な形とはならない。しかし，知的障がい者は，それが快適であるか，あるいは不快であるかがわかれば，指摘するだろう。たとえば，知的障がい者は，感覚的な刺激が過剰であるか，あるいは過小であるため，脅迫的な施設から逃れようとする。私たちは空想の世界でスヌーズレンを行い，日常生活の束縛から逃れることのできる状況を作っている。スヌーズレンは，私たちが知的障がい者のために彼ら自身では実現できない「夢の世界」を作ることを可能にする。もちろん，知的障がい者には，日々夢の世界に埋没してほしくない。知的障がいのない者が終日，白日夢の中をさまようことはない。知的障がい者も，「普通の世界」で彼らの居場所を持ち，そこで多くの時間を過ごして生活すべきであり，決して疎外されてはならない。

## スヌーズレンは性的感情を喚起するのか？

　それは，あり得ないことである。しかし，まず第一に，特にスヌーズレンが性的感情を生むと主張すること自体が間違いである。性的な感情を喚起するようなさまざまな状況を考えてみよう。たとえば，日常生活では，満月の夜，木陰の下を散歩する恋人たちは，パートナーの肩に手を回す。その雰囲気がそうした行為を誘うからだ。人々が行き交うショッピングセンターで，そうする者は少ない。薄暗いディスコでは，雰囲気に誘われて，恋人たちは身を寄せて踊る。ストリートオルガンが鳴り響き，陽光に照らされた市場で

は，誰もそうしようとは思わない。スヌーズレンが作る雰囲気の中では，利用者とスタッフが身を寄せて，軽く抱き合うことはある。量的には，他の普通の生活状況より多い。スヌーズレンのスタッフは，重度知的障がい者と日常的に接する距離を心得ており，スヌーズレンの限界も理解している。施設入所者へのアプローチが，経験の範囲内で受け入れられれば，スタッフはその基準を少し広げてもいい。スタッフは，どのような状況でも，施設入所者の知的レベルが低く，彼らがまず触覚に頼って，環境や他人に接しようとしていることを忘れてはならない。こうした同じ問題は，おそらく認知症や精神科のケアの現場でも頻繁に発生しているだろう。

## スヌーズレンに対する賛成意見と反対意見

　スヌーズレンに対する賛成意見と反対意見を列挙することは難しい。たとえば，ある者がスヌーズレンに賛成する理由は，他の者にとっては，反対理由になるかもしれない。あるいは，特定の賛成意見や反対意見を重視する者もいる。その上，ここでされるスヌーズレンの議論のすべてがスヌーズレンのような現象を代表しているわけではない。あらゆる活動を重視する者もいる。この本の著者たちはスヌーズレンについて強い信念を持っていることが明らかになったかもしれない。その意味で，ここに掲載する賛成意見と反対意見は，主観的なものである。しかし，ここでは，完全なリストを作成することを目的として，賛成意見と反対意見を紹介する。ただし，本書ですでに紹介した見解は，反対意見から除外してある。本書では，スヌーズレンに対する反対意見に論駁してきた。読者の反対意見がリストに記載されていなければ，あなたの意見を反対意見のリストに追加していただきたいと思う。

## スヌーズレンに対する賛成意見

- 「専門家」が利用者に同伴する必要がない。介助は施設のスタッフが担当する。両親が専門家と見なされる傾向も強くなっている。
- スヌーズレンは，重度の知的障がい者を専門的に介助するため，日常の教育的な配慮が行き届く。
- スヌーズレンは入所者とスタッフの関係を強化する。特に，スタッフは入所者個人に注意が行き届く。
- スタッフと入所者は，スヌーズレンを通じて相互の信頼の上に有益な関係を築き，新たな状況をともに経験する。
- スヌーズレンを担当するスタッフは，スヌーズレンの状況を日々の業務で詳細に観察できる。
- スヌーズレンでは，利用者が発するシグナルを認識，記録，解釈できるように，スタッフが利用者を注意深く観察することが求められる。
- スヌーズレンは重度知的障がい者の創造的な思考と活動を促す。
- 施設の居住空間を設計・建設する場合，スヌーズレンルームを設置して得た経験を活かして，器材を選択したり，開発したりできる。
- スヌーズレンが利用者に受け入れられているという事実は，スタッフの達成感を高め，重度知的障がい者の両親の励みになる。
- スヌーズレンでは，重度知的障がい者が本当の自分を受け入れることにつながる。つまり，障がい者の変化，成長，発達を可能にし，できる限りそれを促進し，常に監視する。
- スヌーズレンでは重度知的障がい者の身体についてよりよく理解することを教える。身体は，彼が世界を探索するための最も重要なツール（道具）である。
- 重度知的障がい者の感覚経験に注意が行き届く。
- スヌーズレンは，他のどんな手法よりも，重度知的障がい者が自分のペースと選択で進めることを尊重する。つまり，患者（入所者）の環境に対する総合的な知覚が重視される。知的障がい者は，主として触覚を使い，自分の方法で安心して世界を探索することができる。

- スヌーズレンは，知的障がい者が自分のレベルで遊んだり，スヌーズレンを楽しむことができる。
- 環境を変えると，知的障がい者の感覚を刺激できる。
- スヌーズレンでは，最適な知覚と経験を可能にする刺激を選択して与えられる。
- スヌーズレンでは，知的障がい者は，義務感を覚えずに，自発的にその環境を探索できる。
- 五感だけでなく，運動系も発達する。
- スヌーズレンは楽しい感覚（感じ）と経験を与えることを前提とする。
- 重度知的障がい者は，スヌーズレンから総合的な経験を得ることができる。スヌーズレンは，感情と感覚を合わせた全人格にアピールする。
- スヌーズレンは，何より，重度知的障がい者にとって，自分自身の無力さを悟ることではなく，自分自身の能力を伸ばす出発点となる。
- 入所者はスヌーズレンを通して，よりリラックスすることができる。

## スヌーズレンに対する反対意見

- スヌーズレンには堅固な理論的根拠がない。
- スヌーズレンに関する哲学に一貫性がない。
- スヌーズレンでは，(明かりのスイッチで遊ぶ，部屋を歩き回るなど) 施設内で禁止されている行為が許される。そのため，入所者が混乱することがあるかもしれない。

# 第6章　スヌーズレンの専門家養成

　実際のスヌーズレンに関わるいかなる方法の訓練も，学校の授業[注1]で注目されるべきである。各施設はどんな形式で行うのか自分たちで決定すべきである。従って，ここで具体的なアドバイスをすることは難しい。重度知的障がい者の施設は，その職員を建物の構内でも構外でも，訓練してもよいという事実だけでも，スヌーズレンに関わるトレーニングをより複雑なものにしている。施設にスヌーズレンルームがあるかどうかということは重要な要因である。しかし，あえて，授業で教師が討議してほしいいくつかのポイントについて述べておきたい。
　たとえば，教師はスヌーズレンの哲学について知るべきである。教師はその場の雰囲気，対象者個人の好みとペース，刺激の選択やスタッフの態度といったスヌーズレンの原理を扱うべきである。重度の知的障がい者に対する知識は絶対的に必要である。討議や授業の中で簡単なスヌーズレンの装置を組み立てることをお勧めしたい。このようにして得られた知識をもとに，生徒たちにルームをデザインさせ，スヌーズレンのすべてを実際に体験できるような自分たちのスヌーズレンルームを作らせる。これは大変役に立つ。彼らが「自分たちの入所者（重度知的障がい者）」にスヌーズレンを体験させることができれば，それより素晴らしい。それは，もちろん入所可能な，手の届く範囲でなければいけない。このようなスヌーズレンの状況に慣れるためには，入所者自身に体験の機会を数回繰り返して与えなければならない。最後の評価は，生徒たちがその体験を討議することで行われる。施設でスヌーズレンの機会を与えられた生徒たちは，討議に個人的な経験も取り入れ

ることで，少し特別に貢献できるかもしれない。最後に，生徒たちは自分たちが作った用具を施設に持ち帰り，実践の場でそれを使うことができる。

　別の可能性として，すでにある身近なスヌーズレンルームを訪れてみることである。施設に行きわたっているスライドや再生ビデオを授業で使うことができる。しかしながら，これらの資料を「外部」に持っていく場合には，入所者の個人情報を大切にしなければならず，施設から貸し出す場合には画像に修正を加えなければならない場合もある。

監訳者注

1　学校の授業　ここでは，主に福祉・保健・医療の分野などで，将来スヌーズレンの実践を担当する人々を教育し，訓練を行う教育機関での授業のことを指している。

# 第7章　自分で作るスヌーズレン用具

## はじめに

　スヌーズレンの材料を自分自身で作ることは十分に可能なことである。疑いなくコスト削減になる。装置は完全に特殊なニーズに適応できる。スタッフの中にはおそらく自分で制作できる技術を持っているものもいるし，両親も大きな助けになるだろう。自分自身で装置を作る時は，いくつかのことを頭に入れておかなくてはならない。電気系の装置には最適な安全値や運転中の安全性が要求される。材料が最高品質であることも最も重要であり，火災を発生させない安全性とそのメンテナンスに特に注意することである。何度かのクリーニングで，ダメになるような装置では役に立たない。材料を選択する時，特に利用者が触る材料に関しては，それが完全に非毒性のものであることに注意を払わなければならない。材料のかけらが壊れて，皮膚や口の中に残ってはならない。

　自前の装置は安価であるが，専門的な装置は概して信頼がおけ，メンテナンスも少なくて済む。私たちは，これからも自分で製作できる装置について調査を行っていきたい。簡単な装置の特性については，いくつかの先行研究で討議されているので，ここでは，より複雑な装置を中心に話したい。

## 触れる教材

　触れる教材を作る場合には，将来それを置く場所とその使用方法が決定的な要因になる。教材は利用者が簡単に触れられるような位置に置くことが大切であると考えるべきである。重さや形によっては，それらは天井から吊るすことができる。もし，部屋に柱や支柱があったら，触覚の材料で覆うことができる。このためには，カーペットのサンプル，織物，天然材料などが使える。本体を柔らかくしたかったら，気泡ゴムを触覚の材料の下に固定させることもできる。もし，上から吊るすものがほしければ，気泡ゴムの薄片やその他の詰め物をいっぱいに詰めた，布地の袋から始めるといい。袋に詰める前に，キャンバス地の上に触覚の材料を固定させる。材料を移し替えることができるように，マジックテープを使うと便利である。他にも，太いロープ，天然スポンジ，羊皮，太い毛糸，皮の切れはしを束にしたもの，マニラロープ，ジュートロープなど，材料は豊富である。マクラメのような網織物を編むことで，さらに可能性が増える。たとえば，インド麻やジュートの網織物を作れば，素晴らしい触覚の材料を作ることができる。別のアイデアとして，固い材料をひもや毛糸で巻くこともできる。このような触覚の材料に芳香性のあるものや香りの良い袋を入れることができる。

## 触覚の板

　触覚の板は使用方法によって，さまざまな大きさがある。触覚の材料は尖っておらず，非毒性で可燃性でなければ，合成品でも天然のものでも，ブ

ラシやモップなど何でも選べる。小さい板（たとえば 50 × 70 センチメートル）は，テーブルや車いすの上で使える。小さい留め金で固定すれば実用的になる。大きい板は床に置いたり，壁に固定したりできる。触覚の板としては，18 ミリメートルのベニヤ板やボール紙が最も適している。材料は（a）ステイプルガンや，（b）セロテープで固定できる。

　（a）ステイプルガンで，材料は簡単に板に固定できる。ホッチキスの針が適切に固定されるように気を付ける必要がある。必要ならば，ハンマーを使ってもう少し深く打ち込んでもいい。事前に，板を薄い布か，カーペットで覆うか，ウォールペイントで塗っておく。材料を板に固定する時，利用者が触らないように，できるだけホッチキスの針を隠すようにする。材料を板にのり付けする方法もいい。ただし，非毒性ののりがいい。コントラストに毛糸，カーペット，ロープなどの柔らかい材料の間に，固いものを挟むようにする。ココナッツのマット，固いブラシ，木，ナイロンコード，フォーマイカの 1 片，合成のスポンジが適している。いろいろな種類のブラシ，ほうき，モップはとても効果的である。

　平面的な教材も作れるが，浮き彫りにした教材や 2 つの物の合作も可能である。材料のアレンジはあなたの選択と嗜好による。芸術的要素を優先しがちであるが，常に美術作品ではなく，触れる板を作っている，ということを忘れないでほしい。

　（b）セロテープは，容易に材料の場所を変えることができ，いかなる組み合わせも可能であるという利点がある。また，クリーニングのために容易に取り外しできる材料として優れている。加えて利用者が板からこれらを取り外すことができ，自分の隠れ家に持っていけるという点で優れている。

　板はセロテープがよく付く織物で上手く覆うことができる。この目的で使用されるための特別な布が市販されている。セロテープはミシンやにかわで材料にぴったりくっ付けられる。布はステイプルガンで板の上に打ち付ける。ここでも，ホッチキスの針は適切に固定し，必要ならばハンマーを使って固定することも重要である。

## 触れるカーテン

　触れるカーテンは，スヌーズレンルームの利用者にとって特別な経験になる。利用者がその傍を通ることはできず，必ず通り抜けなければならないところに，「触れる壁」を掛ける。こうすることで，触れるカーテンは，利用者にとっては驚きの要素となる。いくつか実際に役立つアドバイスをしたい。カーテンの先が床に触れないように，利用者がそれらにつまずいたり，また糸（カーテンの先）が車いすの車にひっかからないように配慮することが大切である。カーテンの中に輪を作ることは避けなければならない。利用者はそれにひっかかってしまうかもしれないからである。他にも作れるものがある。木の細い板や太いロープはカーテンを支えるために使用できる。細い板やロープは，たとえば，ネジフックやネジ丸環を使って天井に適切に固定するよう気を付けなければならない。
　多くの物が触覚の材料として使える。毛糸，布の1片，皮，プラスチック，ゴムホース，これらの材料で無限の組み合わせができる。布の1片に小さいベルを固定することで特別な効果が得られる。利用者が布の1片を通り抜ける時，ベルがチリンチリンと鳴る。
　触れるカーテンを「壁」として用いることもできる。カーテンで大きな部屋の中を区切って，人目のつかない安心できる場所を作ることができる。

## 特別な効果を施した床と壁

　触れる壁の明かりと音の効果は特別な次元を追加する。触れる壁を触った

り，柔らかい床の上を歩いていると突然明かりが点滅し，あるいは音が聞こえる。これらの効果は非常に驚くべきものである。それらは容易に一種のスイッチで実現できる。間に1センチメートルの厚さの気泡ゴムをはさんだ，二層のアルミニウム箔から成る。気泡ゴムに直径約6センチメートルの穴を開ける。静止していれば，気泡ゴムはアルミ箔の層と別れた状態になる。この「スイッチ」に立つと，泡の中に開いた穴の箔を一緒に押すことになる。箔のシートをバッテリーや変圧器につなぐことで電気回路が作られる。この方法で，14ボルトまでの低電圧のものを使用すれば，どんな明かりや音の効果でも得られる。

　警告—240ボルトの電流につなぐと，高い危険度が伴う。常に，低電圧のバッテリーや変圧器を使用すること。

　このスイッチは触れる壁の中やカーペットの下に設置できる。スイッチを見えないところに隠しておくと，その驚きは大きい。

## 触覚の箱

　未加工の毛糸，砂，砂利，乾燥大豆，エンドウやハーブ，米といったばらの材料や多くの他の天然物は触覚や嗅覚を刺激する。「ぎっしり詰まったもの」でも，ばらのものでも使える。ばらとは利用者がそのものに触れることができるもので，「ぎっしり詰まった」とは，綿のかばんに入った材料である。詰め物でない材料の場合は，私たちは視覚的認知は避けるべきである。これは，材料を覆うことで実現される。1辺30センチメートルの木箱を作る。材料が見えないように，天辺に綿や帆布，あるいは皮のそでを作る。必要ならば，レースで入り口を狭くすることもできる。これらの容器は，材料を容易に変えることができるという利点がある。

　箱はテーブルや床に置ける。壁に取り付けることもできるが，高すぎると

ころに付けないことである。綿やキャンバスの袋は使用するのに適しており，重さも触覚の役割をも果たす。欠点は，すぐに汚れてしまうことである。衛生面を考えて，定期的に取り替える必要がある。

## 触覚立方体

　触覚の箱の別な適用の仕方としては，触れる立方体がある。50センチメートルの立方体を取りあげる。両サイドに手が十分に通る丸い入り口を作る。上は取りはずしできるようにする。ゆるいふたか蝶番を付けた戸がいい。上のふたを通してさまざまな物体を立方体の中に入れることができる。触り心地の良い物体の方がいい。両サイドの空け口を通して，利用者は立方体の中の物体を手で感じることができる。別の方法として，長い大きな手袋を空け口の一方に固定する方法もある。取っ手の縁は開口部の上にしっかりと固定し，裂けないように大きなリングで固定する。

## 人形と可愛いオモチャ

　長い手足を持つ大きな人形は寄り添って寝るのに素晴らしく適している。これまでの経験から，多くの利用者が手足の長い人形をより好むことがわかっている。なぜなら，それらは彼らに安心感を与えるからである。自分自身を人形の手足で覆う利用者もいる。ここでは，そのような人形の作り方の詳しい記載をしないが，誰にでも好みと創造性に合わせて作ることができ

第7章　自分で作るスヌーズレン用具

自分の好きな人形（ぬいぐるみ）を両手に持ち，マットの上でリラックスしている利用者

る。改めて衛生面とメンテナンスについてしっかりと確認したい。

　ボタンや毛糸のような取れやすいものの使用は避けた方がいい。たとえば，体に手や足を付けるにはセロテープがいい。そうすれば，利用者は取り外して分離した手足を使うことができる。柔らかい素材は人形の本体にセロテープで固定して使うことができる。人形や可愛いオモチャは必ずしも生活に必要というものではない。スヌーズレンルームでは，それらは文字通り可愛がる対象物であり，幸せと温かさを感じさせてくれるものである。

## ネックレス

　ネックレスはまさに触れる教材として使える。利用者は首に掛けることが

でき，スタッフもそれを使用できる。この大きなチェーンは首にかけ，常に手の届く範囲にあるので，利用者はいつもその触れる教材を携帯することになる。それらはもちろん重すぎず，肌をひりひりさせるような物質を含んでいてはいけない。木やプラスチック，ガラスのビーズ，その他，マクラメ，ガラガラ，皮の1片，羊の皮，槇肌(まきはだ)も使用できる。ネックレスは首に掛けるだけでなく，腰や足にも巻くことができる。しかしながら，利用者がこのようなネックレスで窒息することのないように気を付けたい。常に利用者の周りにスタッフがついていること。アレルギー反応にも気を付けよう。

## 音楽の箱

　音楽の箱は比較的簡単に作ることができる。最初に音のする戸口用のベルを用意する。これらの道具はどんな電気店でも販売している。それらはさまざまな音色を選べるように選択用スイッチが付いている。2つのモデルが入手できる。1つは自分で音色が選択でき，もう1つは，スイッチを押すと1つの楽曲がかかり，次々と曲を変えることができる。スピード，音量，ピッチは調節できる。このような戸口用のベルを合板の立方体に取り付ける。これは，かなり小さく，バッテリーで動くが，バッテリーの寿命は短いので，立方体の中にアダプターや変圧器を作ってもいい。立方体の上にもスイッチを取り付ける。スイッチは特別な効果の出る床の項に書いたスイッチを使うこともできる。主要な点は，利用者が容易に操作できるように，スイッチの表面積は大きくし，わずかな接触にも反応するように作ることである。音楽が終わると，自動的に電源が切れる。手押しのスイッチの他にも，別のスイッチシステムも使える。たとえば，息のような，空気の動きに反応するスイッチが市販されている。また，湿度に反応するスイッチもある。たとえば，舌でなめることで操作することができる。足のスイッチには別の可能

性もある。スイッチの作り方については「フットチャイム」の節（第3章参照）に書かれている。


## 音響ラック

　台や壁にさまざまな楽器を取り付けることで可能性が広がる。トライアングル，太鼓，ウッドブロック，マラカス，シンバルやタンバリンのような楽器で実に多様な音を作ることができる。利用者が容易にそれらに触れられるように，コードで楽器を吊るすことが最も容易な解決策になる。カウベル，インディアンベル，ゴングもその代わりになる。竹竿や固い木のブロックはさらに他の音色を作り出す。薄い金属バー，金管の一部や薄い仕切り用の鉄管は特別な甲高い音を作り出す。


## 鈴付き手袋

　手袋の指先に小さなベルを付けることで，新しい種類の楽器を作り出せる。手の簡単な動きでチリンチリンという美しい音がかもし出せる。足で床を踏むたびに，チリンチリンと音を出せるように，くるぶしにベルの付いたストラップを巻くこともできる。

# 振動する箱

　静かに振動する教材は触れたいという気持ちにさせる。これまで，スヌーズレンルームの中で，目の不自由な利用者がバブル・ユニットの振動にいかに魅了されていたかを見たことがある。部屋や壁に振動する木の箱や立方体を置けば，利用者にとってとても特別な体験になる。私たちは振動する床の記述でさまざまな可能性について指摘した。これには，10ミリメートルの厚さの合板，水槽の空気ポンプ，模造品の皮の1片，その他なめらかな家具の布張り構造が必要になる。合板で縦横30センチメートル，高さ10センチメートルを基礎とした平らな箱を作る。細い釘とのりで組み立てる。ふたを閉める前に，空気ポンプを箱の中に置き，金属の張出しかプラスチックの1片で固定する。この構造はしっかりと固いものでなければならない。そうしないとポンプが振動のため緩んでしまうことになる。片側からポンプのリードを通して，緩んでちぎれないように，ワイヤーの締め金でそれを締めて固定する。片側に空気を供給するポンプ用にドリルで10ミリメートルの穴をあける。このポンプには振動を弱めるゴムのサポーターが付いているが，これをはずすと合板への伝導を最大にできる。その箱は模造品の皮で覆うか，あるいは，サンドペーパーをかけて，耐久性のある色のついたニスを塗る。

　約1メートルの四角形の1枚の合板でも類似した効果が得られる。四隅にナットで先端の丸い，安全な長さ8センチメートルのボルト（直径8ミリメートル）を固定する。ボルトの末端に特別に丈夫なゴムのキャップを付け，振動が床に伝わらないようにする。空気ポンプは箱と同じ方法で板の下に固定する。振動する板は共鳴する箱がないので，箱のあるものに比べて効果はめざましいものではない。仕上げには，すべての木の表面に十分サンドペーパーをかけ，耐水性のあるものを塗る。

## 鏡の壁

　私たちは鏡でたくさんのことができる。もちろん飛散防止の弾力性のある鏡を使う。鏡のシートは幅50センチメートル，長さ2.60メートルのものが展示材料の販売業者から購入できる。市場では銀色の他に金色の鏡もある。これらの鏡のシートは視覚的に完璧なものではない。これらの材料は固いはさみやスタンレーナイフで必要な大きさに容易に切ることができる。最も容易な解決策は，あらゆる方向に動かすことができるように，天井からシートを吊るすことである。別の方法として，ボール紙か合板のパネルに両サイドをテープやのりで固定することもできる。どんなのりを使ったらいいか，業者があなたにアドバイスしてくれるだろう。これらのパネルの利点はそれらをどこにでも置けて吊るせることである。

　3つ目の選択として，鏡のシートを木のフレームに入れることである。鏡は弾力性があるため，それに触れるだけであらゆる種類の歪曲をもたらす。鏡と同じサイズの木ずりの2つの枠（2×5センチメートル）を作る。弾力性のある持ち運び可能な鏡のスクリーンを使い，これらの2つの枠の間に鏡を固定する。

　鏡を「事前にゆがめる」ことができる。それには，7×5センチメートルの二重の細い板の枠を作る。帯鋸（のこぎり）で縦に，真っ直ぐではなく曲線で裁断する。こうして，ぴったり合う2枚のフレームができる。「底」にフレームを1つ作り，「上」にもフレームを1つ作る。鏡のシートはその間に固定する。細い板を曲線で裁断したので，すぐに鏡は歪曲する。歪曲の程度にもよるが，もちろん弾力性は少なくなる。このようにして，自分たちのカーニバル・ミラーを作ることができる。

## 鏡の箱

　これは，両サイドの片方が取り外された木の箱のことである。鏡のシートは箱の内側にのり付けされる。箱の中に丸い空洞の鏡を作るためにシートを曲げる。それをジグザグに折ると別の面白い効果が得られる。
　そのような鏡の箱で，鏡のイメージ（像）は無限に反射され，万華鏡の効果が得られる。片側を取り外す代わりに，のぞき穴（直径5センチメートル）を作ることができる。箱の上はミルクホワイトか透明なパースペックスによって置き換えることができる。ショーボックスの中に置いたり，吊るしたりしたものは，どんなものでも何度でも反射させることができる。


## ミラーボール

　ミラーボールは簡単に作れる。ポリスチレンのボールを使うのが最もいい。その効果はボールや鏡の大きさによる。ポリスチレンのボールは手芸店で購入できる。大きいサイズは特別なのりで固着し，半分の大きさにすると使いやすい。ポリスチレンを溶かしてしまうのりがあることを心に留めておくことである。
　ボールに直径約5ミリメートルの長さのワイヤーを刺す。ボールの頂上と底にウォッシャーとナットでワイヤーを固定する。ナットをあまりきつく締めないように注意しないと，ボールを割ってしまう。頂上に目を作るためワイヤーを曲げる。その上にスクリューの目をはんだ付けすることもできる。
　好みで塩化ビニールの鏡のシートか，薄いガラスの鏡から切断された小さ

い鏡を使うこともできる。鏡が厚すぎると，ボールが重くなりすぎる。鏡は2センチメートル四方より大きくせず，小さめの方がいい。塩化ビニールの鏡のシートは自分自身で裁断できるのが利点である。ガラスの鏡は装飾者かガラス職人に裁断してもらわなければならない。もし自分で行うつもりならば，良いガラスカッターを使い，その破片に注意することである。鏡をボールにのり付けする。同時にボールの各部をのり付けする。ボールは鎖で電気モーターに吊るす。240ボルトのモーターはディスコ装置を取り扱っている店で購入できる。低速度のモーターを選べば，1分間か，それ以下の時間で約半回転する。光の効果のためには，良いピンスポットが必要になる。普通のスポットでもいいが，これはピンスポットほどには光線が焦点化されないので効果が薄れる。

## 色の立方体

　色の付いた明かりは可能性の範囲をより広くする。色付けされたプラスチックのスクリーンを通して見ると，まったく異なった世界が見える。このようなパネルを通して輝く明かりは，色鮮やかである。多色の明かりの光線が部屋に入る。これが私たちが色の立方体を使用する際の原理である。側面が80センチメートルの合板の立方体を作る。図8を参照。板の側面の開口部分にドアを作ったりレールにカーテンを吊るしたりする。別の側面や上部（頂上）には異なった形の開口部を，たとえば，花や丸形，四角形，三角形やこれらの形を組み合わせた幾何学的な形に鋸で裁断する。

　立方体はすべての側面が縦横80センチメートルの2層の合板（10ミリメートル）から成っている。別の板の上に1枚の板を重ね，開口部を鋸で裁断する。合板の2枚の板の間に，色が変化する1つかそれ以上のパースペックスを置く。板はネジで取り付けパースペックスはその間に固定する。前

もって合板にパースペクスをのり付けすることもできる。両側面と上部が完成すれば，立方体を作るようにそれらを一緒にネジで取り付ける。それぞれの角は木の細い板（5センチメートル四方）で補強できる。基礎には18ミリメートルの厚さの固い合板を使う。

　立方体の中に座ると，異なった色の世界を観察することができる。差し込む明かりは明るい色の混合物を作る。4つのキャスターを取り付けることで，簡単に移動させることもできる。色の立方体は内側も外側も鮮やかな色で塗るが，望むなら耐久性のある平土間用のニスを仕上げに塗ってもいい。

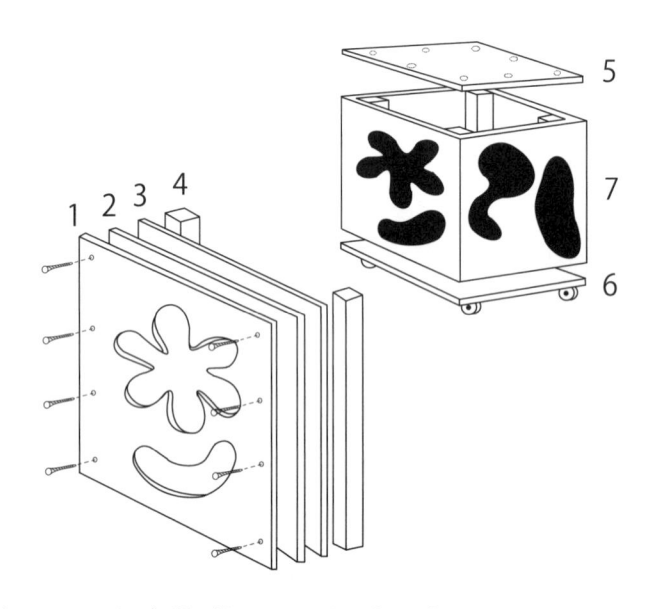

1　合板（10ミリメートル）開口部，80×80センチメートル
2　パースペクス（3ミリメートル）さまざまな色が使用できる
3　合板（10ミリメートル）開口部　1と同様
4　スレート（5×5センチメートル）合板はスレート板にネジで取り付け固定する
5　合板　頂上（10ミリメートル）
6　キャスター付き基盤（18ミリメートル合板）
7　色付けされた開口部のある立方体

図8　色の立方体の作り方

第 7 章　自分で作るスヌーズレン用具

## モビール

　モビールは 1 点から吊るすと，バランスをとって 3 次元の形になる。普段，私たちは天井にはほとんど注意を払わない。多くの重度知的障がい者はベッドの中やプレイマットの上で多くの時間を過ごすので，天井は重要な視覚の対象物の 1 つである。モビールを吊るすことで，天井は魅惑的な光景に変化する。工作の領域では，多くの種類のモビールが手に入るし，完成品を購入することもできる。
　それほど細くない長さのワイヤーで始める。代わりに，竹の竿も使うことができる。それが重すぎなければ，これにいろいろな材料を吊るすことができる。色付けされたパースペックスや鏡のシートからシンプルな形を切り取り，それを全体にバランスをとってナイロンでワイヤーに取り付ければ，美

天井から吊るしたモビール

しい作品を作ることができる。小さい人形もまたモビールに吊るすことができる。代わりに鳥の羽やフラシ天の切れはしも使える。微風で動くものなら何でも適しており，実際ドアの開け閉めや人々の行き来で，すべての部屋の空気は動くのである。

　ワイヤーの両端に付いている小さいブラスベルのように音が鳴るものも大変適している。いわゆる「貝のゴング」についても述べておこう。これは，部分的に重なる真珠貝のプレートからできており，これを弦に吊る。空気が動くとチリンチリンと音が鳴る。

## 液体のスライド

　この種のスライドの原理は，2つのガラスの四角形の間に固定された一定の液体が投射用ランプの熱で沸騰し流れるというものである。ランプは，沸騰してごぼごぼ流れ出るインクと色が混ざる動きで輝き，それがスクリーンや壁に写し出される。液体の粘着性が，2つのガラスを1つにする。

### 何が必要か？

　(a)スライドグラス：50枚から100枚入りの箱が，写真店で手に入る。(b)スライドプロジェクター：自動式か半自動式のプロジェクターもあるが，ここでは操作しやすいとてもシンプルなものがいい。それに，あなたの大事なプロジェクターが液体漏れで汚れてしまうかもしれない。それには，中古品を使うか，あるいは，安価なものを買うことである。(c)インクのスタンプ台：小さいボトルといろいろな色が手に入る。文房具店には，3，4色以上の色はないかもしれないが，それで十分である。赤色，黄色と青色，そして，それを混ぜてオレンジ色，緑色，紫色，茶色などがあればいい。

## 製作の技術

　前述したように，古いプロジェクターを使うのが最もいい。少なくとも100ワットの電球を使うべきである。250ワットまでなら，プロジェクターのランプは冷却する必要がない。プロジェクターには，緑色や青色がかったガラスがある。それが「冷却器」である。これはプロジェクターから取り外さなければならない。普通はいくつかの金属クリップで然るべき場所に入っている。これを注意深く曲げると，フィルターは簡単に取り外せる。

　この目的のために質の良いプロジェクターを使って普通のスライドを映写するなら，フィルターを戻すことを忘れないようにしなければならない。そうしなければ，美しいスライドはあまり残らないだろう。プロジェクターがインクの映写で汚れるのは避けられないのである。インクのスタンプ台を使うのは耐久性があり，容易に入手できるからである。最初にインクのシミを避けるため古い新聞紙を広げる。それは，このインクは除去するのが難しいからである。5センチメートル四方のガラス1枚に1色のインクを約5滴た

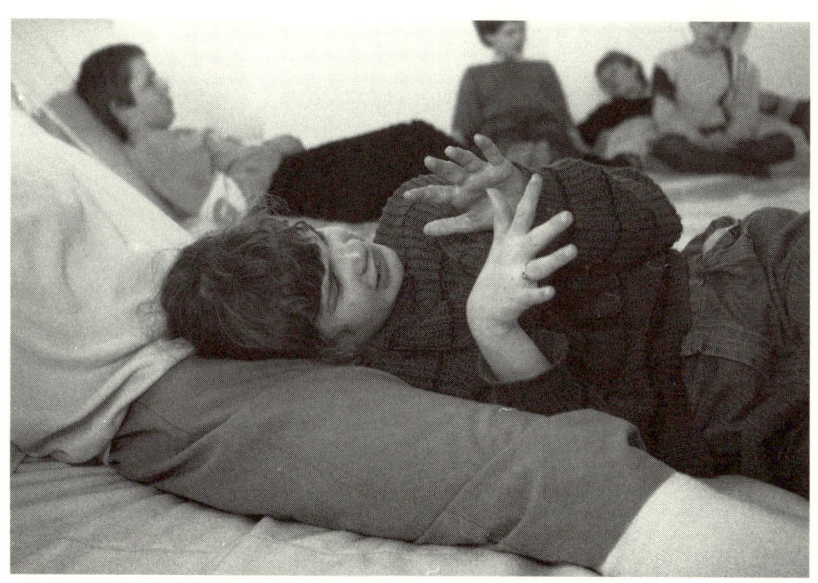

あなた自身の好きな場所を見つけること——これは大変個人的な経験である

らす。最初のガラスの上に，別のガラスを積み重ねていく。インクは，たとえば，テフロンのテープでスライドの側面に押し付けられる。冷却器が取り外されているプロジェクターにスライドを置く。ランプを点けて待つ。数分後，インクが沸騰し，あらゆる種類の色の効果が見られる。

　もちろん，2種類以上の色を使用する方が面白い。赤色と緑色，青色と黄色などを混ぜることで素晴らしい結果が得られる。多色のスライドは1色と同様の方法で作られる。しかし，2枚でなく，3枚のガラスを使う。1枚目のガラスの上に赤色をのせ，2枚目のガラスの上に緑色をのせ，その上に3枚目のガラスをのせる。それらの色が混ざらないように気を付ける。それは画像に汚い黒色のシミができるからである。スライドケースの中に何枚入れられるかによるが，あなたが好きなだけ多くの色やガラスを使える。スライドは厚くしすぎないようにする。そうでないと，その像がぼんやりしてしまうからである。

　透明なインク，メタノール変性アルコール，低脂肪マーガリン（低脂肪に限る！），スタンプ台に付いた食器洗い機の洗剤のような他の液体でも実験ができる。石鹸は一種のミツバチの巣のような効果を与える。低脂肪のマーガリンやインクで作ったスライドは大理石模様の効果をもたらす。


**失敗例**

　約3分後，液体がまだ動かなければ，電球が弱すぎるか，または電球の温度より高い沸騰点を持つ液体を使ったかである。後者の場合，液体はアルコールで薄めることができる。しかし，これはあっという間になくなる。別な原因は電球が熱くなりすぎて，スライドにひびが入っていたかもしれない。実際には，これは，300ワットを超える映写の電球を使った時に起こるものである。その最も容易な解決策は，低い容量の電球を購入することである。ソケットの大きさの確認を忘れないようにすることである。


**別な方法**

利用できるスライドプロジェクターがなければ，オーバーヘッドプロジェクターも使うことができる。ほとんどの施設がそのような装置を持っている。シートは水の入ったプラスチックやガラスの容器で代替できる。ピペットを使って，注意深く水の上に透明なインクを落とす。多すぎると効果がなくなる。水は，透明なインクで濁るため，しばらくしたら，水は取り換えなければならない。別の可能性はシート自体にインクを落とすことである。次いで，もしシートの上に水を落として，それを傾ければ色水は「流れる」ことになる。

# 香りのチューブ，袋とボトル

　香りを提供する方法はいくつかある。プラスチックのチューブやボトルを使うのが最も簡単である。香りはふたに作ったいくつかの穴から出てくる。使用していない時，芳香物質が蒸発しないように，もう1つふたを使うことを勧める。プラスチックのボトルはそれらをしぼり出す利点があるので，香りの空気を外に流すことができる。香りのトレイの原理からすれば，ホースで箱を作る。合板で20センチメートルの立方体を作る。1つの側面に直径12センチメートルの丸い開口部を鋸で切って形作る。この中に直径12センチメートルの柔軟性のあるホースを入れる（換気装置フードに使われる，DIYショップで購入できるもの）。ホースの長さは，約60センチメートルがいい。この香りの立方体は壁に掛けるかテーブルの上に置く。立方体の中には，濃縮した芳香剤や強いハーブの香りの芳香性のある物質を入れる。また，小さい袋にハーブのような固形の芳香剤も入れられる。袋は香りが通り抜けられる薄い布で作る。この袋の利点は，中味を容易に変えられることである。

## 香りのクッション

　香りのクッションは可能性を広げる。普通のクッションにもう1つのカバーを掛ける。カバーには，セロテープで閉じることのできるポケットの形の開口部を作る。このポケットの中には，あらゆる種類の芳香剤や前節で述べた袋を入れることができる。同様の方法で，ポケットつきの壁掛けを作り，ポケットに芳香剤を詰めるようにする。

## 香りを嗅げるポスト

　香りを嗅げるポストは一種の送風機で空気を押し出す。多くの重度知的障がい者は積極的に香りを嗅げない。つまり，空気中で実際に香りを嗅がないのである。従って，これは，役に立つ。
　直径75ミリメートル，長さ約100センチメートルの塩化ビニールチューブを用意する。チューブは，その中に木のブロックを固定して，厚さ18ミリメートル，50センチメートル四方の合板に正しい角度に取り付ける。次に，チューブはブロックにネジで留める。足踏み式ポンプを合板に取り付ける。ホースの一端は中側の穴を通ってチューブに入れる。チューブの底に，濃縮して香りを付けたフェルトを入れる。足踏み式ポンプを押すと，チューブの中の空気が押し出されて，そこから香りが流れる。ポンプを押し続けると，香りが一層はっきりとわかる。私たちがするべきことは，板の上にいくつかのチューブを付けて「香りのオルガン」を作ることである。チューブは明るい色で塗る。

# おわりに

　私たちはスヌーズレンが意味する言葉やイメージを明確にしようとしてきた。スヌーズレン現象の全体像は，この本を読んだだけでは得られない。ぜひ，いくつかのスヌーズレンルームを見に行き，その後で実際のスヌーズレンルームの構成の背後にある理論を追求すべきである。言葉でスヌーズレンの基礎の１つである雰囲気を記述することは極めて難しい。もしあなたがスヌーズレンルームを実際に見ていないなら，まずそこを訪問することを勧めたい。実際のスヌーズレンルームを見てからもう一度本書を読めば，すべての面で形や色などの多くの理解を得られるであろう。私たちの意見では，スヌーズレンにおいて期待されるのは，目覚ましい発展ではなく，むしろより深い見識と，さらなる分化と刷新である。この点について，私たちはあえて完全な説明はしなかった。限定して，重要であると思われた側面についてかなり長く議論を重ねた。

# 推薦される楽曲リスト

## クラシック
    ヴィヴァルディ 『四季』と『チェロ協奏曲』
    ジェイムズ・ゴールウェイ フルート楽曲
    ラフマニノフ 『ヴォカリーズ』
    ショパン 『ノクターン』
    ブラームス 『クラリネット五重奏曲』
    アルビノーニ 『弦楽とオルガンのためのアダージョ ト短調』
    ムソルグスキー 『展覧会の絵』
    ゲオルゲ・ザンフィル（パンパイプ，オルガン）
    ウォルター・カルロス 『Sonic Seasonings』
    モーツァルト 『フルート協奏曲』，『アイネクライネナハトムジーク』
    ブラームス 『バイオリン協奏曲』
    マリオ・デルプラタ ＆ アンドレ・セゴビア（クラシックギター）
    フランス・ブリュッヘン（リコーダー）
    ジュリアン・ブリーム（ギター）
    レ・ミュジシャン・デュ・プロヴァンス 『ミュージック・デ・トロヴェール・エ・トロバドール』
    ジュリアン・ブリーム 『ジョン・ダータンドのリュート楽曲』

## セミ・クラシック
    B.B.C.カセット 『コンドルは飛んでいく・コンドルの帰還』
    アン・グリフィス 『ヴィルトゥオーゾ・ハープ』
    マントヴァニ 『ライト オペラ』
    タイス・ヴァン・レール 『インストロスペクション』

## スピリチュアル・ミュージック
ゴスペル・ミュージック
マントヴァーニ 『賞賛の歌』

## サウンド・トラック
『サウンド・オブ・ミュージック』
『エヴィータ』

## ムード音楽
フランシス・ゴヤ（ギター）
フランク・ポーセル
ジェームズ・ラスト 『ロマンスと沈黙』
レイモン・ルフェーヴル
ジョニー・ピアソン
マントヴァーニ
リチャード・クレイダーマン（ピアノ）
ローレンス・ヴァン・ローエン（ピアノ）

## 子どもの歌
軽い伴奏のついた声楽パート

## フォーク音楽
インディアン・フルート
パラグアイ：ハープ，ギター
ナナ・ムスクーリ

## ポピュラー
ハリー・サックシオーニ（ギター）
サイモンとガーファンクル
シンセサイダー・ミュージック

音
    自然の音（鳥，海，風など）
    『子宮の音』
    B.B.C. 音響効果音

映画
    ジャック・イヴ・クストゥー　『サメとの冒険，海底での出荷，サンゴ礁の秘密』

瞑想的な音楽
    スティーブ・バーグマン　『祝福』
    クリストファー・アシュビィ　『エクスタシー』
    ディビッド・サン　『平和，平穏，穏やか』
    ティム・ウェーター　『目ざめ』
    アッパー・アストラル　アルバム『Upper Asrral Suite』「Crystal Cave（水晶の洞窟）」

# 参考文献

Baker, Donald, *Spelend Wijs. De rol van het spel in de ontwikkeling van het kind.* Uitgeverij Intro, Nijkerk.［「遊びを活用する―子どもの発達における遊びの役割」イントロ，ナイケルク．］

Blatter, Rob, *Muziek Waard.* Uitgeverij Van Ditmar.［「音楽の価値」ファン・ディトマー．］

Bloemendal, Gert, *Snoezelen met dieper gestoorde demente bejaarden(1).*Gericht op zintuiglijke waarneming en primaire behoeften. Maandblad Akitiviteiten Sektor, mei 1983, bladzijde 133 tot en met 138.「重度精神障がいのある認知症の老人におけるスヌーズレン（1）―知覚と一次的欲求への取り組み」，月刊誌アクティビティ・セクター，1983年5月号，133-138頁．

Bloemendal, Gert, *Snoezelen met dieper gestoorde demente bejaarden(2).*beschrijving van een voorbeeld uit de praktijk. Maandblad Akitibiteiten Sektor, juni 1983, bladzijde 150 tot en met 152.「重度精神障がいのある認知症の老人におけるスヌーズレン（2）～実践例の記述」，月刊誌アクティビティ・セクター，1983年6月号，150-152頁．

Bloemendal, Gert, *Demente bejaarden: Aktiviteiten en omgang.* Uitgeverij Intro, Nijkerk, 1983.［「認知症の老人―アクティビティと接し方」イントロ，ナイケルク．］

Bloemendal, Gert, *Thuis in het verpleeghuis: werken, wonen, bezoeken.* Uitgeverij Intro, Nijkerk, 1985.［「ナーシングホームが我が家」イントロ，ナイケルク．］

Burg, Wim ter, *Meer met muziek: muziek als orthopedag. medium.* Intro, Nijkerk, 1985.［「音楽でもっとできる」イントロ，ナイケルク．］

Cleland, C. C. en C. M. Clark, *Sensory deprivation and aberrant behavior among idiots.* Am. Journal of m. def., 1966-67, 71, p.213-393.［「精神薄弱者に見られる感覚遮断と異常行動」，アメリカ精神薄弱学会誌，1966-67年，第71巻，213-393頁．］

Cortel, Tine, *Beeldend werken met kinderen.* Uitgeverij Vermande B. V., IJmuiden, 1977.［「子どもと工作に取り組む」，フェルマンデ社，アイマウデン．］

Fast, Julius, *De taal van het lichaam.* Uitgeverij Wetenschappelijke Uitgeversmaatschappij, Amsterdam, 1970.［「体が発する言葉」，科学出版社，アムステルダム．］

Giraudy, Daniëlle en Marie-José Trenevin, *Katalogus kijken met je handen.* Utigave Nationaal Orgaan Gehandikaptenbeleid en de Rijksuniversiteit Utrecht, 1980.［「手を使ってカタログを見る」，オランダ障がい者政策協会ならびにユトレヒト大学発行．］

Gresnigt, H. en A. Gresnigt-Strengers, *Ouders en gezinnen met een diepzwakzinnig kind.*

Uitgeverij Swets & Zeitlinger B.V., Amsterdam, 1977. [「重度の精神薄弱児をもつ親と家族」, スウェッツ & ザイトリンガー社, アムステルダム.]

Gretener-Von Sury, M. E., *Daarmee maken wij muziek, geruis, geluid, klank. Ten behoeve van orthopedagogische bewegingstherapie en muziek.* Uitgave M. E. Gretener, Bilthoven, 1976. [「環境音, 音, 響きだけで音楽を作る―障がい児教育における運動療法と音楽のために」, M. E. フレーテナー, ビルトホーフェン.]

Hoogerwerf, A., *Ik ben verdwaald of dementie wat is dat?* Uitgave Verpleeghuiscetrum Zutphen. [「『道に迷いました』／認知症って何？」養護施設センター, ズトフェン.]

Kanner, Leo, *Geschiedenis van de zwakzinnigenzorg en het zwakzinnigenonderzoek.* Uitgeverij De Tijdstroom, Lochem, 1976. [「精神薄弱者介護と精神薄弱者研究の歴史」, デ・タイトストローム, ロッヘム.]

Kaschade, Hans J. en Niels E. E. van Veenendaal, *Aktiveringsoefeningen voor gehandikapte kinderen.* Uitgeverij Intro, Nijkerk, 1983. [「障がい児のための活性化訓練」, イントロ, ナイケルク.]

Klee, Ernst, Gehandicapten. *Over de onteigening van lichaam en bewustzijn.* Uitgeverij Intro, Nijkerk, 1981. [「障がい者―身体と意識のコントロールを失うことについて」, イントロ, ナイケルク.]

Koops, W. en J. J. van der Werff, *Overzicht van de ontwikkelingspsychologie.* Uitgeverij Wolters-Noordhoff, Groningen, 1979. [「発達心理学概要」, ウォルタース-ノールトホフ, フローニンゲン.]

Kooy, Rimmert van der, Roel de Groot, *That's all in the game.* Uitgeverij G. Schindele Verlag, Rheinstetten W-Did, 1977. [「すべては遊びの中にある」, G. シンデレ・フェルラグ, ラインシュテッテン（西ドイツ）.]

Krenzer, Rolf, *Spelen met gehandikapte kinderen. Deel 1.* Uitgeverij Intro, Nijkerk, 1981. [「障がい児と遊ぶ 第一巻」, イントロ, ナイケルク.]

Krenzer, Rolf, *Spelen met gehandikapte kinderen. Deel 2.* Uitgeverij Intro, Nijkerk, 1983. [「障がい児と遊ぶ 第二巻」, イントロ, ナイケルク.]

Küntzel-Hansen, Margit, *Muziek met kinderen. Spelen met geluid en instrument.* Uitgeverij Intro, Nijkerk, 1975. [「音楽と子供―音や楽器で遊ぶ」, イントロ, ナイケルク.]

Lear, Roma, *Speelhulp voor gehandikapte kinderen.* Uitgeverij Intro, Nijkerk, 1979. [「障がい児の遊びの手引き」, イントロ, ナイケルク.]

Lindsay, Zaid, *Handenarbeid met gehandikapte kinderen.* Uitgeverij Cantecleer, de Bilt, 1974. [「障がい児と手仕事をする」, カンテクレア, デ・ビルト.]

Löscher, Wolfgang, e.a., *Zand en water.* Uitgeverij. Intro, Nijkerk, 1982. [「砂と水」, イント

ロ，ナイケルク．]

Löscher, Wolfgang, *Luisterspelletjes voor kinderen van 3-8 jaar.* Uitgeverij Intro, Nijkerk, 1985. [「3歳から8歳児のための聞く遊び」，イントロ，ナイケルク．]

Löscher, Wolfgang, *Ruik-en smaakspelletjes voor kinderen van 3-8 jaar.* Uitgeverij Intro, Nijkerk, 1985. [「3歳から8歳児のための匂いを嗅ぐ遊びと食物の味をみる遊び」，イントロ，ナイケルク．]

Meilach, Dona Z., *Soft sculpture and other soft art forms.* Uitgeverij George Allen & Unwin Ltd., London, 1974. [「ソフト・スカルプチャーと他の柔らかな芸術形式」，ジョージ・アレン＆アンウィン，ロンドン．]

Meys, Joke en Ineke Vermeulen, *Spelmogelijkheden voor meervoudig gehandikapte kinderen.* Uitgave Stichting FIAD, Nieuwegein. [「重複障がい児が遊べる場」，FIAD財団，ニウウェハイン．]

Montagu, A., *De Tastzin.* Uitgeverij Het Spectrum, Utrecht, 1972. [「触覚」，ヘット・スペクトルム，ユトレヒト．]

NGBZ, publikatie nr. 30, *Omgang met diepzwakinnigen.* Uitgave Nederlands Genootschap ter Bestudering van de Zwakzinnigheid en de Zwakzinnigenzorg, Utrecht, 1981. [オランダ精神薄弱・精神薄弱者介護研究協会（NGBZ），出版番号30，「重度精神薄弱者との接し方」，オランダ精神薄弱・精神薄弱者介護研究協会，ユトレヒト．]

Schmeer, Gisela, *Het kind en zijn zintuigen.* Uitgeverij Callenbach, Nijkerk, 1976. [「子どもとその感覚器官」，カレンバッハ，ナイケルク．]

Seitz, Rudolf, *Kijkspelletjes voor kinderen van 3-8 jaar.* Uitgeverij Intro, Nijkerk, 1984. [「3歳から8歳児のための見る遊び」，イントロ，ナイケルク．]

Seitz, Rudolf, *Tastspelletjes voor kinderen van 3-8 jaar.* Uitgeverij Intro, Nijkerk, 1985. [「3歳から8歳児のための言葉遊び」，イントロ，ナイケルク．]

Speth, drs. Leo, Spreken met het lichaam. Uitgeverij De Tijdstroom, Lochem, 1975. [「体を使って話をする」，デ・タイトストローム，ロッヘム．]

Stevens, S. S., *Geluid en gehoor.* Uitgeverji N.V. Het Parool, Amsterdam, 1966. [「音と聴覚」，ヘット・パロール株式会社，アムステルダム．]

Stöcklin-Meier, Susanne, *Een handvol natuur.* Uitgeverij Intro, Nijkerk, 1981. [「ひとにぎりの自然」，イントロ，ナイケルク．]

Timmers-Huigens, Dorothea, *Je kunt er iets aan doen. Vreugde beleven aan je mens zijn.* Uitgeverij De Tijdstroom, Lochem, 1982. [「解決の道はある―人間であることに喜びを感じる」，デ・タイトストローム，ロッヘム．]

Torenbeek, C. R., *Snoezelen ; echt iets voor diep-zwakzinnigen.* Tijdschrift voor ziekenverpleging 33 (1980) 8 (8 april), blz.335-338. [「スヌーズレン―重度の精神薄弱者にとても適した手法」, 看護学会誌第33巻(1980年)第8号(4月8日刊), 335-338頁.]

Willemsen-van Witsen, Marianne, *Spelend gaat het beter.* Uitgeverij Intro, Nijkerk, 1980. [「遊びがあれば上手くいく」, イントロ, ナイケルク.]

Wijk, J. van en J. Hulsegge, *Spelend omgaan met muziek.* Uitgeverij Intro, Nijkerk, 1985. [「遊びながら音楽にふれる」, イントロ, ナイケルク.]

# 『重度知的障がい者のここちよい時間と空間を創るスヌーズレンの世界』の解題

姉崎　弘

## 本書の書名について

　本書の書名は，直訳すると，『スヌーズレン―もう1つの世界』である。原著の本扉には，副題がついていて，「知的障がい者への感覚経験環境の実践書」と書かれている。本書は，スヌーズレンに関する世界で最初の著作であり，創始者たちが始めた重度知的障がい者に対するスヌーズレン実践の手引書である。そこで本訳書の書名は，できるだけ読者にわかりやすく，その内容を表現するように，『重度知的障がい者のここちよい時間と空間を創るスヌーズレンの世界』とした。

　本書の内容は，スヌーズレンが世界で最初に始められたオランダのほぼ中央に位置する町エデにあるハルテンベルグセンターの重度知的障がい者に対するスヌーズレンの歴史や取り組みの経緯，およびさまざまな実践の紹介に関するものがそのほとんどを占めている。今日では，スヌーズレンがさまざまな障がい児者や病気のある人々，認知症者，さらに心に不安のある人々，ストレス下にある健常者にも有効であることが，さまざまな文献等で報告されている。スヌーズレンは，現在もさまざまな実践や研究がなされており発展途上であるが，今日あらゆる人々にとって，心地良いものであり，人々のさまざまなニーズに応じて，介助者の関わり方や環境空間を創意工夫することが求められている。

　この解題では，本書の解説を行うとともに，今日までのスヌーズレンの発展の経緯や今後の課題等について展望して述べることにする。

## スヌーズレン（Snoezelen）の用語について

スヌーズレン（Snoezelen）の用語は，オランダ語のスヌッフェレン（Snuffelen,「クンクン匂いを嗅ぐ」という意味）と，ドゥーズレン（Doezelen,「ウトウト居眠りをする」という意味）の2つの言葉からなる造語である（姉崎, 2013b）。したがって，この用語そのものに積極的な意味はない。スヌーズレンの環境の中では，重度知的障がい者のみならず，誰でも，自分の周りの環境を興味を持って探索してみたくなったり，あるいは，気持ち良くなって，ついウトウトして眠くなったりするものである。これらは，一見して相反する行動の特性であるが，不思議にもこの両者が共存しているのがスヌーズレンの特徴である。スヌーズレンの環境下におかれた人間の取る主な行動の特徴をとらえて，このように名付けられたのである。

## 人間の五感活用の重要性の指摘

本書では，まず人間の持つ感覚を活用することの重要性について，特に，五感の活用による知覚の促進について述べている。私たちは，普段自分の五感を十分に活用していないことが多いのではないかと思われる。それは，視覚を優位に活用して，周りの環境を理解して生活していることによる。私たちは，さまざまな感覚を有しながら，それらの感覚の一部を主に使用し，その他の感覚は，いわば眠ったままの状態になっていることが多い。特に，重度知的障がい者においては，そのように考えられる。スヌーズレンは重度知的障がい者を念頭において，特別に開発したものであるといわれる。この五感を活用して脳を適度に刺激し脳の活性化を図ることによって，重度知的障がい者をはじめ，私たちにはさまざまな可能性が開かれると考えられる。このことから，創始者たちは，「スヌーズレンは人間の環境を最適化する経験の1つである」とも述べている。

元ドイツ・フンボルト大学教授のクリスタ・マーテンス博士（Prof. Dr. Krista Mertens）は，スヌーズレンに関する最初の著書 *Snoezelen: Eine Einführung in die Praxis.*（姉崎弘監訳『スヌーズレンの基礎理論と実際―心を

癒す多重感覚環境の世界（第2版）』大学教育出版）の中で，人間の五感を司る大脳辺縁系は，古い脳とも呼ばれるが，重度の障がい者であっても，この部分は無傷で十分に機能することを指摘している。スヌーズレンの環境下では，視覚や聴覚，嗅覚などの中枢をもつ大脳辺縁系が主に活発に活動する反面，前頭葉などが機能することによる国語や数学などの抽象的な思考力を特に要求されないことから，重度の知的障がい者であってもスヌーズレンを五感を通して楽しむことができると考えられている。

## スヌーズレン以前の歴史について

スヌーズレンの歴史は，1966年，アメリカのクレランドとクラーク（Cleland, C.C & Clark, C.M）の発表した論文 *Sensory deprivation and aberrant behavior among idiots.*（「精神薄弱者に見られる感覚遮断と異常行動」）にまで遡ることができる。この2人は，この論文の中で，知的障がいと自閉症を併せ持つ対象者に対して，よく選択された感覚刺激の環境が対象者の発達を促進できる可能性があることを，すでに指摘していた。

しかしこの段階では，具体的な器材やルームデザインの設計までは至っていなく，あくまでも構想の段階に留まるものであった。それを，世界で初めて目に見える形に具現化し，感覚を刺激する各種の器材や用具，ルームデザインを工夫し実践したのが，スヌーズレンの創始者たちであった。この意味で，創始者たちのこの分野における世界的な貢献は偉大であるといえる。

今日では，知覚心理学の分野の研究により，人間に対する光や音楽などの複数の刺激は，単一の刺激よりも，脳の特定の領域が明確に活性化することが実証されている（北岡，2011）。この科学的な知見からも，スヌーズレンの効果や有効性を推測することができる。

## 創始者たちについて

本訳書の巻末にも著者たちの経歴が掲載されているが，創始者の1人，オランダ人のヤン・フルセッヘは，元々小学校の教師で不適応児の教育経験と

管理職の経験があり，さらに楽器を演奏する音楽療法士でもあった。もう1人のアド・フェアフールは，始め農業と林業を学び，芸術セラピーと芸術教育の専門家であった。特に，スヌーズレン独特の各器材，たとえば，バブルチューブなどに代表される人々に魅力的な器材は，福祉施設に勤務する創始者たちが，それぞれの専門性と持ち味を生かして何度も何度も試行錯誤を重ねながら苦心の末に開発したものである。スヌーズレンの考え方と実践が新たに導入された1977年当時，ヤンは40代前半，アドは20代後半であった。

　スヌーズレンルームの器材や用具，映像などの美しい芸術的なフォルムには，アドの持つ芸術的なセンスがいかんなく発揮されている。またスヌーズレン特有のリラックスする曲や音響器材の効果的な使用方法については，ヤンの持つ音楽の優れた専門性が生かされている。そして各器材の構想を創始者たちが考え，それを具体的に器材にして作製したのは，オランダの教材製作会社バリー・エモンズ社の友人のバリーであったといわれる。

### スヌーズレン器材の開発に向けた連携

　筆者も2008年11月に，2度目のハルテンベルグセンター視察の際にアドに案内されて訪問したことのあるバリー・エモンズ社は，ハルテンベルグセンターから車でおよそ1時間の距離のところにある。この会社は，元々障がい児者向けのオモチャ等の教材・教具や機器を開発し生産していた。アドの話によると，スヌーズレンの各器材や用具は，主にヤンやアドがアイデアを出し，バリーが試作を行い，試行錯誤の末に開発したものであるといわれる。従って，創始者たちだけでは，スヌーズレンの器材を製作することはできなかったのではないかと思われる。

　スヌーズレンの代表的な器材，たとえば，バブルチューブやミラーボール，光ファイバー，ソーラープロジェクター，ボールプールなどはすべて，スヌーズレンの最初の取り組みの時から，ヤンとアドによって導入されたオリジナルな器材である。バブルチューブは70年代中頃に，ボールプールは70年代の終わりに，光ファイバーは90年代中頃に，初めてそれぞれ紹介された。またミラーボールとソーラープロジェクターは，当時すでに音楽のコ

ンサートなどで使用されていたが，創始者たちはそれらを今までとは異なった方法で使用した。すなわち，ミラーボールはできるだけゆっくりと回転させるようにし，ソーラープロジェクターは最高の効果が得られるように液体の入った回転盤を新たに開発して使用した，といわれる。また，ボールプールの深さは 60 センチメートルが良く，ボールの大きさは直径 6 センチメートルが，人間の身体への刺激として最も適当なサイズであることを経験から見出している。

今日までのスヌーズレンの発展は，構想を練り提案を行うヤンやアド，それを実際に形として器材や用具に製作していった「ものづくり」のプロであるバリーの三者によるコラボレーションの創造的結晶であったといえる。また創始者たちは，本書の第 7 章で，貴重な失敗例を含めてスヌーズレン用具の作り方を詳述している。創始者たちは，居心地の良い環境を作るためのものづくりのプロであり，自ら失敗を積み重ねながら独創的な器材や用具を考案していった，まさにスヌーズレン実践のパイオニアであった。

## 両親による受入れと称賛

スヌーズレンは，オランダの知的障がい者施設において，重度知的障がい者のケアの中から発展し生まれてきた活動である。これまで取り組まれてきた，重度知的障がい者へのさまざまな作業活動の取り組みの延長線上に，スヌーズレンの取り組みが考え出されて発展してきた。

そして，スヌーズレンの発展には，特に，両親がスヌーズレンを「良いもの」として認識して受け入れてくれたことに負うところが大きい。両親たちは，スヌーズレンの中では，自分の子どもがいつもの様子とは異なり，目を輝かせてとても生き生きと活動している姿を目の当たりにして，スヌーズレンの素晴らしさを認めたからであるといわれる。この両親による賞賛の声がヨーロッパ中に広がっていき，その結果，スヌーズレンが世界中に知られることになるのである。

## スヌーズレンの視点からの新たな気づきとアドバイス

　本書では，これまで一般の人々にはほとんど気付かれることのなかった，室内の床や壁，天井，廊下などの空間が，重要な感覚刺激を提供してくれる環境になり得ることを改めて気付かせてくれる。その基本となるコンセプトは，「人間にとって，居心地の良い環境空間の創意工夫」である。

　スヌーズレンの創出する光や音楽，香りなどを用いた多重感覚環境（Multi-Sensory Environments: MSE）が，重度の知的障がい者にとって心地良いものであるとするならば，それは私たち健常者にとってもまた心地良いものであると考えることができる。そして室内のルームだけではなく，戸外の自然の中でも，スヌーズレンが体験できると，創始者たちは考えている。

　本書の内容としては，オランダにおける知的障がい者ケアの歴史からはじまり，スヌーズレンの各ルームやそれぞれの器材・用具などの詳細な説明とその使用方法，スヌーズレンルームに必要以上の器材や用具を入れないように注意すること，安全対策をしっかり講じること，さらに施設の衛生面やメンテナンスの重要性についても言及している。また，スヌーズレンルームを新たに設置する際の留意点について，実体験から得た教訓に基づいて私たち後進に数々の細かなアドバイスを行っている。さらに，スヌーズレンでは，介助者が主導的にならないように，不安のある利用者は介助者に抱きしめられることで安心感が得られること，重度知的障がい者が介助者の職員にスヌーズレンについてさまざまなことを教えてくれたりすること，またスヌーズレンに関する議論を行い，スヌーズレンの限界やその賛否両論の紹介，スヌーズレンの専門家を養成する上での留意点やスヌーズレン用具を自分で作る場合の方法などについても言及している。

　特に，スヌーズレンの専門家養成に関しては，養成を担当する教師は，スヌーズレンにおけるその場の雰囲気や対象者個人の好みとペース，刺激の選択，スタッフの態度，といった「スヌーズレンの原理」にあたる内容を扱うべきであると助言している。

## ヨーロッパのクリスマスとスヌーズレンとの関係

　筆者は，2008年11月下旬から12月下旬までヨーロッパで開催されるクリスマス・マーケットとクリスマスを見学してきている。その経験に基づく知見であるが，この期間は1年間の中で最も華やかな，楽しく嬉しいシーズンである。

　オランダのアムステルダムやドイツのベルリンなどの街中には，仮設の大きな遊園地が造られ，氷をはったスケート場や大道芸人のショーもあり，さまざまな楽器演奏も行われ，とても楽しい。寒い中，外で夜遅くまで，家族や親しい仲間同士でホットワインを飲み交わし，食べ歩きをしながら，ワイワイと楽しく過ごすものである。

　ここでひときわ目を引くのが，暗い夜空に光る美しい赤色や青色や黄色などの色鮮やかなネオンの光である。これは，まさしく街全体が夜の暗闇を背景としたスヌーズレンの空間になっているように見えた。クリスマスシーズンの夜の街は，まさしく戸外に創出したスヌーズレン空間そのものであるともいえる。

　これは筆者の所感であるが，ヨーロッパは，クリスマスとスヌーズレンがとてもよくマッチしている。この辺のところからも，ヨーロッパからスヌーズレンが始められ，世界中に広がっていったことは，至極当然のことのように思われた。このように，ヨーロッパには，元々スヌーズレンを誕生させる生活習慣や文化的な素地がすでにあったものと思われる。

## スヌーズレンの定義と実践する上でのポイント

　本書の第3章の初めの頁にスヌーズレンの定義がいくつか述べられている。たとえば，「スヌーズレンとは，魅力的な環境における主要な刺激を用いた1つの選択的な提供である」等々である。創始者たちによると，スヌーズレンを言葉で定義することは大変難しいといわれる。また第3章にスヌーズレンについての具体的な説明が描写されているが，結局のところ，自分自身がスヌーズレンを直に体験しなければ，実際のところはわからないもので

ある，ともいわれる．

またスヌーズレンを実践する上でのポイントとして，以下の点をあげている．「場面の適切な雰囲気を大切にすること」「刺激や活動を自分で選択できること」「本人のペースで行うこと」「十分な活動時間を確保すること」「理解を深めるために繰り返し行うこと」「本人に寄り添う介助者の基本的な姿勢と接し方」等である．

## スヌーズレンの意義

スヌーズレンは，1970年代の中頃に，オランダで開発され，当初はリラクゼーションなどを促し，安らぎを与える活動として，いわゆる一種のレクリエーションあるいはレジャー活動として始められた．オランダのエデにある巨大な福祉村であるハルテンベルグセンターは，多くの重度知的障がい者が居住生活をしている福祉施設である．1970年代中頃まで，重度の知的障がい者は，日中，とくにすることもなく，無為に過ごす生活をしていることがほとんどであったといわれる．彼らが何か生産的な作業活動を行うことができるということはまったく考えられなかった．こうした当時の一般的な見方や常識を根本からくつがえしたのが，スヌーズレンの創始者たちであった．スヌーズレンの始まりは，1970年代中頃の当時の重度知的障がい者の作業活動の拡張と密接にリンクしていたといわれる．当時重度知的障がい者には，レクリエーション活動がまったく提供されていなかった．1968年からハルテンベルグセンターには，およそ440名の知的障がい者が入居していたが，そのうち，およそ70％は重度・重複障がい者であり，したがって日中の活動で仕事のできる人々は少人数のグループの人たちに限られていた．

スヌーズレンの実践を行う上で最も重要なことは，スヌーズレンルームの中で介助者が利用者（入所者）と同じレベルで感覚を経験することであるといわれる．そしてどのような活動を選択するかは，介助者ではなく，利用者自身の役割とされる．スヌーズレンでは，介助者は利用者に適応することが要求される．そのためには，介助者は利用者が何に興味があるのかをよく観察して利用者から学ぶことが大切である．たとえば，光る床の上に利用者が

30秒ほど横になったとする。そして床に横になったまま，光の色によって床の温度が異なることを皮膚感覚を通して知ることは彼にとって最も重要な経験である。このことは，彼や介助者自身にとっては，普段生活している世界とはまったく異なる「もう1つの世界」(another world) として映るのである。これは，前もって目的を持たないで，スヌーズレンルームに入った時にだけ体験することができる貴重な世界である。

重度知的障がい者を無理にこちらの用意した特定の作業活動に参加させることは，ほとんど意味がない。これは「百害あって一利なし」である。そうではなく，彼らをとりまく周りの環境を変えることで，つまり，彼らが「あれ，何だろう？」「触ってみたい」「見てみたい」「嗅いでみたい」「聞いてみたい」「味わいたい」などといった，魅力ある刺激空間を彼らの周りに創出し，介助者が彼らの傍らで彼らの気持ちに寄り添いながら共に過ごすことで，彼ら自身が自ら発見したり，楽しんだり，くつろいだりする姿に介助者自身も共感することで，お互いに楽しい有意義なひと時を過ごすことができるようにしたものであるといわれる。

私たちは，普段の生活空間をいつも大変固定的に，決まりきったものとして「見て」，そのように「理解」することにすっかり慣れきっている。しかしこのような既定の見方を少し変えるならば，そこにはさまざまな可能性が開けてくる。たとえば，少しうす暗い光の空間の中で，心地良いマットの上に横たわり，心が安らぐ曲が流れていたり，ほのかによい香りがしていて，その傍らに自分を信頼し，自分に寄り添ってくれる介助者がいることで，気持ちがとても安心して心地良いひと時を過ごすことができる。

このように，創始者たちは，これまで私たちが当たり前のこととして，見過ごしてきた，私たちをとりまく環境空間を改めて見直し，たとえ重度知的障がい者であっても，心からの満足感に浸りながら，リラックスしたり，あるいは自発的・能動的に活動することができるように環境の設定を工夫したところに，この取り組みのオリジナリティを見出すことができ，私たち自身が今日まで見過ごしてきた盲点や新たな視点に気付かせてくれる。

また創始者たちによれば，器材を購入する予算が足りない場合には，部屋の片隅にクッションのコーナーを1つ作るだけで，多くの可能性を提供して

くれるという。たとえば，床に大きなクッションを置けば，人はすぐにそこに座りたい，という思いに誘われる。ここからクッションに座る利用者とその傍らに寄り添う介助者との間に何らかの関わりが生まれてくる。この説明は，スヌーズレンの原点となる発想であり，とても貴重である。

アドによれば，今日オランダでは，スヌーズレンは医療ケアにおけるトータルなコンセプトの1つとして認められていて，すべてのナーシングホームに勤務する看護師や作業療法士，介護福祉士はこのコンセプトで仕事をしているといわれる。

## ISNAの設立と国際的な活動の展開

今日，スヌーズレンの誕生後，およそ40年近い年月が経っているが，いまだ色あせることなくスヌーズレンはおよそ世界40か国で実践され広まってきている。スヌーズレンを世界中に広める上で忘れてはならないのは，創始者たちとともに，もう1人，元ドイツ・フンボルト大学リハビリテーション学部教授のクリスタ・マーテンス博士の存在である。

特に，アドとマーテンス博士は，これまで40年近い親交があるが，この2人は2002年にドイツのベルリンにあるフンボルト大学で，International Snoezelen Association（国際スヌーズレン協会），いわゆるISNAを共同で設立し，その後，共同代表を8年間務めている。このISNAは，スヌーズレンの理解啓発と研究の推進を目的として始められた。アドはスヌーズレンの実践家であったが，一方マーテンス博士はスヌーズレンの研究者であり，同時に実践者でもあった。この2人のコラボレーションにより，毎年さまざまな国で，国際スヌーズレン・シンポジウム（今日の国際スヌーズレン学会）が開催されてきた。この2人がいなければ，今日見るようなスヌーズレンの発展はなかったと言っても過言ではない。筆者もこれまでISNAの国際大会のワークショップで4回にわたってスヌーズレンの研究発表を行ってきている。

アドのスヌーズレンの実践も踏まえながら，自ら実践して検証を行い，それを理論的・科学的に体系化を図ったのがマーテンス博士であった。博士は

自身のスヌーズレンの最初の著書 Snoezelen: Eine Einführung in die Praxis. の中で，スヌーズレンを体系化して，その基礎理論と実際をわかりやすく述べている。この2人の協同活動により，スヌーズレンが世界中に広がっていったことは想像に難くない。この2人による全世界へのスヌーズレンの発信と貢献度は高く評価される。

## 今日世界では，スヌーズレンは「レジャー・教育・セラピー」として認識されている

創始者たちは，いわゆる心地良い「レクリエーション」活動として，スヌーズレンを始めた。その後，マーテンス博士や姉崎などの実践と研究を通じて，スヌーズレンには，今日では，当初の「リラクゼーション（レクリエーション）」の他に，「教育」や「セラピー」としての側面があること（Mertens, K., 2003；Anezaki, H., 2005；姉崎，2007）が世界で認識されるに至っている。

本書の中でも，スヌーズレンの「セラピー」や「教育」としての側面や捉え方について言及してはいるが，創始者たちは，当初スヌーズレンは第一に，ある種の「リラクゼーション」であると考えていた。それはレクリエーション（レジャー）というよりも，安らぎを与える活動を意味している。そして感覚の活性化とリラクゼーションのバランスを取ることを重視している。このことは，スヌーズレンの実践において，創始者たちが大切にしてきた点である。

他方では，当時創始者たちは，すでにスヌーズレンの「セラピー」としての適用や「教育」としての活用についても理解していたと考えられる。この点は重要である。しかし，創始者たちは本書の中で，あえてそれらの点についてはほとんど触れようとはしていない。決して強調はしないのである。それは，「セラピー」や「教育」には，治療や指導のための目標を設定したプログラムがあり，その効果を評価し期待するものだからである。この見方に対して，創始者たちは，本書を執筆の時点では，どちらかといえば否定的な立場をとっている。その理由は，創始者たちは，スヌーズレンではまず利用

者が自分の選択とペースで自由に活動できることを基本理念にし，第一に重視しているため，利用者の「治療」と「発達」をスヌーズレンの中心的な機能（目的）とは見なしていないことによる。

　ここに，スヌーズレンの独創性があると考えられる。すなわち，スヌーズレンが治療法や教育法の1つとしてではなく，オリジナルな取り組みであることを強調しようとしたと推察される。しかしながら，利用者の選択とペースを基本的に尊重した「セラピー」や「教育」の指導は可能であると筆者は考える。すなわち，創始者たちのスヌーズレンの基本理念と「セラピー」や「教育」の考え方は決して対立するものではない。両者には共通点が見出せるのである。実際に，創始者たちが考えたスヌーズレンを実践すると，そこには，「セラピー」や「教育」の効果が生まれることがあるのである。この事実は否定することができない。これは実践の結果であって，目的ではない，といわれることがある。しかしこの事実は，元々「スヌーズレンがセラピーであり，かつ教育でもある」という今日の国際的な理解や考え方を支持するものである。

　今日では，創始者たちの当初の基本的な理念の枠組みを超えて，スヌーズレンの適用範囲が拡大されていったのである。

　創始者たちは，今日では世界におけるスヌーズレンの研究成果を認め，それを踏まえた上で，スヌーズレンの概念に「レクリエーション」と「教育」と「セラピー」を含むことができるとしている。筆者は，2007年に，スヌーズレンには「レジャー」の他に，「教育」と「セラピー」の3つの側面があるとし，これら3つを統合した概念として捉えることができることをすでに指摘していた（姉崎，2007）。今日の世界では，スヌーズレンには，リラクゼーションなどを促す「レクリエーション」の他に，学校での「教育」やリハビリテーションセンターなどでの「セラピー」としても実施されている。

　たとえば，日本では，肢体不自由や病弱の特別支援学校を中心に，スヌーズレンが主に自立活動の時間などに実施されている（日本教育新聞，2012；姉崎，2014b）。また筆者は，隣の韓国では，2000年頃にヨーロッパで取り組まれていた「セラピー」としてのスヌーズレンを，当初より「セラピー」として導入し，作業療法士（OT）が病院や福祉施設で病気の患者や障がい

者に対して，スヌーズレンの「セラピー」を実践し，国内の作業療法の学会誌などに毎年スヌーズレンのセラピー効果を発表していることを報告している（姉崎，2015）。

## MSEとスヌーズレンの用語について

2010年に，マーテンス博士のフンボルト大学退職に伴って，ISNAの本部がドイツからデンマークに移された。アドとマーテンス博士に代わって，モーリッツ・エイゲンダール（Maurits Eijgendaal）がISNA-MSE（いわゆる新しい国際スヌーズレン協会）の代表に就任した。モーリッツは，デンマークのスカナボー（Skanderborg）にある大きな障がい者施設を運営している。スヌーズレンは，オーストラリアのポール・パグリアノ博士によれば，オランダやドイツ以外の国々，特に英国や米国，オーストラリアなどの英語圏では，従来からMSE（Multi Sensory Environments）と呼ばれてきた。MSEは多重感覚環境という意味である。これは光や音楽，香りなどの多重感覚刺激を用いた環境を設定した取り組みから来ている。オランダで1970年代にスヌーズレンが実践された後，1980年代後期までに英国などヨーロッパの多くの国々でMSEの実践が見られたといわれている（Pagliano, P., 2000）。スヌーズレンの用語は，利用者の行動面から名付けられたのに対して，MSEの用語は，利用者を取り巻く環境面から名付けられたものである。この両者の観点は明らかに異なっている。

ISNAは，2010年にアメリカのアラバマ州で世界の有識者9名が参加して会議を開き，これまで整理されてこなかったスヌーズレンの概念や介助者のためのガイドラインなどについて検討することを決め，その後1年間かけて慎重に審議を行った。この有識者のメンバーには，モーリッツ夫妻の他に創始者であるヤンとアド，さらにマーテンス博士やポール博士なども名前を連ねている。そして今日では，スヌーズレンという用語以上に，MSEという用語の方が世界では知られるようになってきている。このことは，学術論文数にも表れており，スヌーズレンの用語以上に，MSEの用語を使用した論文数が圧倒的に多数に上っている。そして今日の世界の動向を踏ま

えて，モーリッツは，2011年10月にスヌーズレンとMSEは同義であるとの見解を述べ，MSE／スヌーズレンという用語に統一し，ISNAの組織名をISNA-MSEと改めた。創始者の1人であるアドは，今日もモーリッツとともにISNA-MSEの主要メンバーの1人で，International Board（国際取締役）として世界的に活躍している。アドは，2014年12月に，筆者に対して「スヌーズレンとMSEはまったく同義である」と述べている。したがってMSEはスヌーズレンの用語の別の表現であると理解することができる。しかしながら，この考え方は現在でも学者によって異論もあり，全世界で共通認識されるまでには至っていないのが現状である。

## ISNA-MSEによる「MSE／スヌーズレンの定義」と「介助者のためのガイドライン」

　2010年にアメリカのアラバマ州で，MSE／スヌーズレンの世界の有識者たちは，MSE／スヌーズレンを定義した（ただし，この定義にはマーテンス博士のみが同意していない）。

　MSE／スヌーズレンの定義は，以下のとおりである（2011年10月公表）。「多重感覚環境：MSE／スヌーズレンは，利用者，介助者，そして複数の感覚刺激を提供する環境の継続的でデリケートな関係に基づいて構築された知的財産の活動的集合体である。MSE／スヌーズレンは，1970年代半ばに誕生し，現在では世界中で実践されており，生活の質向上に関する倫理的な原則に基づいている。共感に基づく手法であるスヌーズレンは，レジャー，セラピー，教育などの分野に適用されており，認知症や自閉症など，特別な介護を必要とする人々だけでなく，あらゆる人々が楽しめる空間で実践されている。(姉崎弘訳)」(http://www.isna-mse.org/isna-mse/Snoezelen.hl)

　また今日，介助者が一貫した手法で，MSE／スヌーズレンを使用して，最高の結果を達成できるように，「介助者のためのガイドライン」が作成されている。その基本的なガイドラインは，以下のとおりである (http://www.isna-mse.org/isna-mse/Snoezelen.hl) (姉崎弘訳)。

1　通常は30分間が最適です。最長時間は，利用者に応じて，60分から

120分となります。
2 MSE／スヌーズレンのセッションは，同じ介助者が担当するように努めます。
3 利用者の健康状態は入室前に確認してください。
4 スヌーズレンルームは，利用者が入室する前に準備します。
具体的には，音楽の選択，カーテンの使用，使用する機器，クッションや枕の選択などは，利用者が入室する前に調整します。
5 スヌーズレンルームを使用する時は，利用者の感覚的なニーズに配慮してください。
6 利用者が恐怖感を覚えて，退室したいと意志表示した場合は，利用者の気持ちを尊重してください。
7 スヌーズレンルームに利用者を一人にしてはいけません。介助者は利用者を観察して，相互作用を図り援助してください。
8 介助者は利用者の主体性を尊重してコミュニケーションを図ってください。
9 コミュニケーションは，言葉だけでなく，身体接触やボディランゲージも使用します。
10 介助者の存在は重要です。介助者は環境の一部であり，環境自体に影響を与えます。MSEは，環境，介助者，利用者の三者間の相互作用が大切なことを忘れないでください。
11 スヌーズレンルームの室温，換気，空調は，利用者が心地良いように調整します。
12 介助者は，必要に応じて，他の専門家，利用者の両親，教師，セラピスト，医師などの助言に耳を傾けて協力してください。
13 利用者が環境を建設的に作れるように，機器類は利用者が調整できるようにします。

以上が，MSE／スヌーズレンを実践する上での，世界における標準的な基準（基本的事項）になっている。これによると，利用者の感覚ニーズを中心に置いて，ルームを事前に準備すること，「環境」と「利用者」と「介助

者」の三者間の相互作用の重要性，介助者と利用者のコミュニケーションの大切さ，利用者が主体的に環境に関わっていけるための配慮など，創始者たちが大切にしてきた理念の多くが，ここにおいてもしっかりと継承されていることが理解される。ただし，利用者自身の「ペース」の尊重についてはここでは言及されていない。

## 今日では「スヌーズレン・セラピー」が主流をなしている

　筆者が先行文献を詳細に調べたところ，当初リラクゼーション（レクリエーション）として始められたスヌーズレンは，今日国際的には，MSE／スヌーズレンの「セラピー」が主流をなしている（姉崎，2013b）。前述したとおり，韓国では，スヌーズレンは当初より「セラピー」として導入されている。他の多くの国々でもMSE／スヌーズレンが「セラピー」として活用されている。

　今日では，創始者たちの当初の考えに反して，スヌーズレンは全世界で治療の一環として，すなわち「セラピー」の一方法として病院やリハビリテーションセンターなどで活用されているのが現状である（姉崎，2013a；姉崎，2015）。これまでの取り組みにおいて，スヌーズレンにセラピー効果が認められるのであれば，それを障がいの改善や病気の回復などに活用しないのは，大変もったいない話であると思われる。スヌーズレンがセラピーであるならば，その可能性を最大限に生かして，スヌーズレンを障がい者や病気のある患者の「障がいの改善・克服」や「病気の治療」などに大いに活用すべきであると考えられる。このことに意義を唱える人は，おそらくいないものと思われる。

　スヌーズレンは，病院やリハビリテーションセンターなどに勤務する作業療法士（OT）の専門分野に該当する。筆者の調査によると，隣の韓国では，スヌーズレンが国家資格として認定され，病院における保険点数にもなっている。日本でも将来，スヌーズレンの専門資格が整備され，国が認可する一資格となることが期待されている。

　また，創始者たちは，以下についても言及している。すなわち，スヌーズ

レンの利用法は自由である。スヌーズレンは治療（セラピー）を目的とする部屋にも使用できる。確かに，自傷行為や破壊行動は少なくなる。しかし知的障がい者の発達と治療をスヌーズレンの中心的な機能とは考えていない。その理由として，治療や教育においては，一般に事前にプログラムを作成することになる。そしてプログラムは所定の活動を一定の手順で与えることを意味する。しかし施設の入所者はそうした順番に従うことを嫌うかもしれない。プログラムを適用することの成否についてはさまざまな意見がある。しかしいずれにしても，利用者各自が自由に選択できることが基本である，と述べている。

今日，一般に教育もセラピーも事前に計画を作成するが，実際には，その時の対象者の状況に応じて適宜計画を変更し，より効果的な関わりを行うものであり，決して計画どおりに実践することにこだわるものではない。すなわち，プログラムは作成するが，そのプログラムを利用者に強制するものでは決してないのである。その時々の利用者の様子や反応を見て，最も効果的な指導内容や方法を検討し，実践するものだからである。

## 世界におけるMSE／スヌーズレンの資格取得のためのセミナー開催

創始者の1人であるヤンは，2007年のドイツにおける第5回国際スヌーズレンシンポジウムの際に，健康上の理由で第一線からの引退を表明した。一方，アドは今日までオランダのハルテンベルグセンターでのスヌーズレンなどの実践の他に，上級経営アドバイザーとして同センターのマネージャーへの助言などを行っている。

また，アドは，毎年数回，同センターなどでスヌーズレンの資格セミナーを開催し，国内外から多数の人々が研修を受けに来ている。アドは，1〜3日間などのセミナー・プログラムを持ち，スヌーズレンの理念や実践方法，理論に至るまでのレクチャーを担当している。また他のいくつかの国々でもスヌーズレンの資格セミナーが実施されている。たとえば，イスラエルやスペイン，コスタリカ，スイス，ラテンアメリカなどでも数日〜12日間のコースがある。

もう一方で，マーテンス博士も，ドイツを中心に，ヨーロッパや韓国，日本などで，12日間にわたる，スヌーズレンの理論と実技，演習を盛り込んだ国際資格セミナーを担当している。

　韓国では，マーテンス博士を講師に招聘して，すでに2009年から毎年国際資格セミナーを開催してきており，今日まで50名を超える人々がこの資格をすでに取得済みであるといわれる。

　日本では，国際スヌーズレン協会日本支部・全日本スヌーズレン研究会初代会長の筆者が，2013年と2014年の2回にわたってマーテンス博士を講師として招聘し，三重県においてスヌーズレンの国際資格セミナーを主催し，2014年5月には13名の有資格者が誕生している。これらの有資格者には，大学教員，作業療法士（OT）や理学療法士（PT），看護師，教師，保育士，社会福祉士，介護福祉士などがいる。参加者はこれらのすでに保有している基礎資格の上に，スヌーズレンの専門資格を追加して取得することから，資格名称として「国際スヌーズレン追加資格」（日本語名称「国際スヌーズレン専門支援士」）を取得することになる。

　今日，スヌーズレンの高い専門性を有する有資格者を養成することは，日本でも海外でも，スヌーズレンの普及のために重要な課題となっている。また今後，有資格者が中心となって，スヌーズレンの理論と実践を後進に講習していくシステムづくりが課題である。

## 日本におけるスヌーズレンの協会，研究会および研究所の設立

　わが国では，1999年に日本スヌーズレン協会が設立されている。1990年頃に，ハルテンベルグセンターに海外留学した福祉施設の職員が，ヤンやアドの考え方や取り組みを学び，帰国後に協会を設立し，これまで主にリラクゼーション（レクリエーション）としてのスヌーズレンの理解・啓発活動などを行ってきている（鈴木，1992；鈴木，2001）。日本スヌーズレン協会は，これまでアドたちを招聘してセミナーを何度か開催してきている。

　また筆者は，2008年に当時ISNAの共同代表をされていたドイツ・フンボルト大学のマーテンス博士のもとに国費留学し見聞を広める中で，スヌー

ズレンの学術的な研究の必要性を痛感した。そしてマーテンス博士から筆者への強い要請があり，2009年4月に当時勤務していた三重大学で全日本スヌーズレン研究会を設立し，スヌーズレンの研究を推進した。また2008年8月からマーテンス博士の著書の翻訳に着手し，2009年11月に『スヌーズレンの基礎理論と実際―心を癒す多重感覚環境の世界』（大学教育出版）と題して出版した。本書はスヌーズレンに関するわが国初の学術的な書籍である。そして2012年1月に，モーリッツが代表を務めるISNAの日本支部としての正式な認可を受け，同年4月に筆者がISNAの日本における初代支部長ならびに日本人として初の初代ISNA International Boardに就任している。筆者は2012年と2013年に3回にわたってマーテンス博士を日本に招聘して，大学などでスヌーズレンの講演会や資格セミナーを主催し，わが国に世界におけるスヌーズレンの理論と実践についての理解啓発を促した（姉崎，2012）。

　さらに筆者は全日本スヌーズレン研究会の活動と連携協力しながら，今日の課題となっている「わが国独自のスヌーズレンの資格プログラムの検討」および「学校におけるスヌーズレン教育の研究と推進」を目的とする「日本スヌーズレン総合研究所」（http://www.snoezelen-research.jp）を2015年6月に設立し，研究を推進している。研究の成果は，ISNA-MSEやISNA Snoezelen Professional e.V.の国際学会でも発表していく予定である。上記の他にも民間の会社などが活動している。

　わが国では，このようにいくつかの活動団体を中心にして，これまでスヌーズレンの普及や研究活動などを行ってきている。

## MSE／スヌーズレンの今後の課題

　アドによれば，2014年10月にフィンランドで開催された第12回MSE／スヌーズレン国際学会には，世界23か国から約380名が参加し，ISNA-MSEの会員は，今日世界43か国に及び，世界の20の大学と連携協力をしているといわれる。

　MSE／スヌーズレンは，歴史的に見た場合，重度知的障がい者のリラク

ゼーションを促すレクリエーション活動として始められたが，その後一早く，認知症者のケアに適用されたり，精神医学の分野からも関心が寄せられた。今日では，MSE／スヌーズレンは，あらゆる障がいのある人々やさまざまな病気のある人々にも適用され，その治療効果が世界中で数々の論文や著書を通じて報告されている。特に，ストレス下にある人々，うつ病や不登校児，バーンアウト症候群などの人々にも，その病いの癒しに有効であるとされている（姉崎，2012）。中でも，たとえば，認知症者の介護にあたる家族の不安な気持ちを取り除き，情緒を安定化させることで，家族の気持ちに余裕ができて，本人に対する接し方が変わり，その結果として，本人のより良い変容と回復の兆しが見られたなどの事例が，2013年の第51回日本特殊教育学会のスヌーズレン・シンポジウムで報告されている（姉崎，2014a）。今後もさまざまなケースの報告が期待されている。

　またスヌーズレンの今後の課題として，創始者たちは，感覚の活用について詳述しているが，スヌーズレンの活動中の脳の活性化に関し，科学的・理論的に言及してはいない。本書の中でも，堅固な理論的根拠がないとの見解が指摘されている。今後，大脳生理学の立場からの理論的・実証的な研究成果が期待されている。

　今日，日本でも多くの施設や学校などでスヌーズレンを導入して実践しているが，筆者が見聞きしたところ，ある所では，利用者や子どもを1人でスヌーズレンルームに入れてほったらかしにしている場合が見受けられる。介助者が利用者や子どもにまったく，あるいはほとんど寄り添っていないのである。そして「リラックスしている」という。確かに始めは介助者が利用者や子どもに寄り添っていたのかもしれないが，いつの間にか，それがなくなっているのである。これは，スヌーズレンルームを用いた活動とは呼べるが，決してスヌーズレンとは呼べない活動である。この現実は，介助者がスヌーズレンの理論を研修会等でしっかりと学んで理解していないことから生じているのではないか，と考えられる。いわば，介助者自身の自己流のスヌーズレンに陥っているのである。今後，本書を通じて，このような取り組みがなくなることを切に願うものである。このことからも，わが国では，スヌーズレンの確かな理論を講義することのできる学術的に信頼のおける研修

会やセミナーの開催が急務であると思われる。

　さらに世界的に見た場合，教育の分野，特に障がい児などが在籍している特別支援学校や通常学校の中でのスヌーズレンの授業や指導に関する研究が立ち遅れていることが指摘されている（Stephenson and Carter, 2011a, 2011b；姉崎，2013b）。今日，多くの学校現場でスヌーズレンの授業が実践されているが，それを単なる実践に終わらせることなく，科学的に分析し研究して，子どもの発達を促すより良いスヌーズレンの授業づくりを目指していく必要がある。この点について，筆者は2013年に日本特殊教育学会の機関誌『特殊教育学研究』に発表した論文の中で「スヌーズレン教育」の新しい概念を提唱し，その研究を推進している（姉崎，2013b；2014b）。

　現在，MSE／スヌーズレンの世界的な発展は急速に進んでいるが，今後さまざまな人々を対象に，医学や生理学，保健学，心理学，教育学，哲学，倫理学，社会福祉学などの学問領域を総合した学際的な実践的および科学的な研究と分析，検討が求められているといえる。

　創始者たちは，このスヌーズレンの研究に関して，特に「スヌーズレンの観察と評価の必要性」について取り上げ，以下のような貴重な知見を残している。すなわち「スヌーズレンは，私たち（介助者）自身も完全に参加する活動であるため，そのような状況での私たちの観察はかなり主観的なものになる。私たちは，全体の雰囲気によっても強く影響されている。（中略）（スヌーズレンの）定期的な評価は，スヌーズレンのさらなる発展の実現にとって不可欠である」ことを指摘している。また次のようにも述べている。スヌーズレンを合理的に分析しようとすると，その独特の「ぬくもり」を無視する危険を冒すことになり，ほとんど恩恵を受けられなくなる。また，スヌーズレンを厳格に分析しようとすると，「（利用者に）意識的に接する」意味が失われてしまうことになる。これらの点については，介助者自身による「主観的な評価」とVTR録画などの分析による「客観的な評価」の両者の併用による評価方法の工夫が求められている。また，介助者と利用者との間の相互の関係性（独特のぬくもりなど）を大切にする視点も重要であると思われる。

　MSE／スヌーズレンは，当初重度知的障がい者のリラクゼーションを図

るレクリエーション活動として始められたが，今日，世界中の人々はさまざまなストレス下に置かれ心の癒しを求めており，家庭や学校，職場，さらに地域社会の中で，MSE／スヌーズレンを必要としていると言っても過言ではない。MSE／スヌーズレンの取り組みは，すべての人々に，やさしい社会づくり，ノーマライゼーションの社会の実現に寄与する取り組みであると考えられる。MSE／スヌーズレンの取り組みは，すべての人々が安心して気持ちを落ち着かせ，楽しく暮らせる家庭や社会づくりを目指す，今日の時代のニーズに応える1つの先駆的な実践であるといえよう。

### 引用・参考文献および参考サイト

Anezaki, H. (2005) Snoezelen: Effects on education of Infants with severe motor and intellectual Disabilities - An investigation based on a questionnaire given to mothers. Metens, K. & Verheul, A. (Eds.) *Snoezelen-Application fields in Practice*, ISNA, pp.115-120.

姉崎弘（2007）英国のSpecial SchoolにおけるSnoezelenの教育実践に関する調査研究──Snoezelenの概念をめぐって　三重大学教育学部研究紀要（教育科学）58　pp.99-105.

姉崎弘編著（2012）スヌーズレンの基本的な理解──マーテンス博士の講演「世界のスヌーズレン」　国際スヌーズレン協会日本支部

姉崎弘（2013a）自主シンポジウム84「わが国における『スヌーズレン教育』の導入と推進──肢体不自由特別支援学校の重度・重複障害児の教育を中心に」　日本特殊教育学会第50回大会シンポジウム報告　特殊教育学研究50（5）　pp.618-619.

姉崎弘（2013b）わが国におけるスヌーズレン教育の導入の意義と展開　特殊教育学研究51（4）pp.369-379.

姉崎弘（2014a）自主シンポジウム34「わが国におけるレジャー，教育・療育，セラピーとしてのスヌーズレンの実践及び研究の推進──障害者支援施設・特別支援学校・療育センター・小規模事業所・家庭での実践報告を中心に」　日本特殊教育学会第51回大会シンポジウム報告　特殊教育学研究51（5）pp.510-511.

姉崎弘（2014b）スヌーズレンの基礎知識4　スヌーズレン教育の効果と教育課程上の指導

形態　肢体不自由教育 213　pp.52-53.

姉崎弘（2015）韓国におけるスヌーズレンの取り組みに関する聞き取り調査―わが国の今後の課題を見据えて　大和大学研究紀要 1　pp.23-28.

Cleland, C.C. & Clark, C.M.（1966）Sensory deprivation and aberrant behavior among idiots *American Journal of Mental Deficiency 71 (2)*　pp.213-225.

Hidden Angel Foundation ホームページ　http://cdhaf.org/what-are-multi-sensory-environments/（参照日：2014 年 6 月 10 日）

ISNA-MSE ホームページ　http://www.isna-mse.org/isna-mse/Home.html（参照日:2015 年 2 月 5 日）

北岡明佳（2011）知覚心理学―心の入り口を科学する（いちばんはじめに読む心理学の本）ミネルヴァ書房　p.193.

Mertens, K.（2003）*Snoezelen: Eine Einführung in die Praxis*. Modernes Lernen Verlag, Dortmund, Germany. 姉崎弘監訳（2013）スヌーズレンの基礎理論と実際―心を癒す多重感覚環境の世界　第 2 版　大学教育出版

日本教育新聞（2012）スヌーズレン導入広がる　光・音楽・香りなどで感覚刺激　特別支援学校を調査　姉崎・三重大学教授　2012 年 7 月 9 日（1 面）

Pagliano, P.（2000）*Multisensory Environments*. David Fulton Publishers, Great Britain.

Stephenson, J. & Carter, M.（2011a）The use of multisensory environments in schools for students with severe disabilities : Perceptions from Teachers. *Journal of Developmental and Physical Disabilities, 23*, pp.339-357.

Stephenson, J. & Carter, M.（2011b）Use of multisensory environments in schools for students with severe disabilities : Perceptions from schools. *Education and Training in Autism and Developmental Disabilities 46 (2)*, pp.276-290.

鈴木清子（1992）オランダから広まる知的重度・重複障害を持つ人々の活動―スヌーズレン　社会福祉法人清水基金第 10 回海外研修報告書　pp.7-22.

鈴木清子（2001）知的障害を持つ人自身の活動―スヌーズレン　日本スヌーズレン協会　pp.1-15.

# 著者紹介

## ヤン・フルセッヘ（1935年〜）

　1935年8月26日生まれ。彼は教育科学を学び，16年間いくつかの小学校に勤務した。彼の最初の教育経験は，学校での不適応児に対する教育であった。また，彼は音楽療法士でもあり，さまざまな楽器を演奏できる。

　彼は，不適応児の教育分野において，いくつかのフォローアップ研究をしてきた。長年小学校の管理職を務め，その後，知的障がい者のケアに転向し，1974年にハルテンベルグセンターに来て，このセンターで22年間勤務した。

　ハルテンベルグセンターは，1968年設立の重度知的障がいのある人々のための施設である。彼は，そこで作業療法の一形態としての，いわゆる「職業指導」の部長としてスタートし，一教師として，知的障がい者のケアにおけるさまざまなコースを経験した。

　彼は，知的障がい者のケアの分野において，職員に対するトレーニングで多くの新しい考え方をスタートさせた。後に，彼はデイケアの中心的な部長になり，知的障がい者へのいくつかの教育プロジェクトを立ち上げた。

　彼は，パイオニアとして，多くの仕事を成し遂げた。それと言うのも，80年代にはスヌーズレンは知的障がいのある人々のケアにはまだ利用されていなかったからである。

　音楽療法士としての彼の経歴から，彼はハルテンベルグセンターでいくつかの音楽プロジェクトを立ち上げ，時にはハルテンベルグのジャズ楽団の指揮者を担当した。ハルテンベルグのジャズ楽団は，特別な音楽的資質を持つ同センターの入所者のカラフルな多様性の1つといえる。音楽療法士としての背景から，彼は何冊もの本を出版してきた。

　1974年に，彼は，同僚と共に，ハルテンベルグセンターで重度・重複障

# 著者紹介

ヤン（左）とアド（右）

がい者の活動を発展させ始めた。同年、彼らは「初歩の活動」（後に、スヌーズレンとして知られるようになる活動の基礎的活動）と呼ぶ重度知的障がいのある人々に対するある特別なレクリエーション活動を発展させた。

1977年に、同僚のアド・フェアフールと、スヌーズレンの考えを導入した。長年にわたって、彼らはスヌーズレンの分野で、多くの新しい考えや発展を試みてきた。ハルテンベルグセンターに常設のスヌーズレンルームを建設するという決断は、1979年になされた。彼らは、幹部会、入所者の両親や家族からその考えに対して絶大な支援を受けた。最初の常設のスヌーズレンルーム（220平方メートル）は、1983年に計画され実現された。

彼は引退後、ポーランドで18年間以上にわたってボランティアとして働いた。妻とともに、ポーランドのさまざまな施設に年間3回赴き、スヌーズレンルームを建てるために他のボランティアの中に加わった。

ヤン夫妻は、まさにスヌーズレンのパイオニアであり、ポーランドにスヌーズレンを作った。そして知的障がいのある人々へのケアにおいて、スヌーズレンに人々の注目を集めた。

## アド・フェアフール（1950年〜）

1950年8月4日、オランダのナイメーヘンに生まれる。アーネムの林業高等学校で、農業と林業を学んだ。卒業時に、彼はオランダ軍の兵役に従事してドイツに駐留した。そこで彼は2年間デザインと装飾芸術を学んだ。

兵役後、彼はオランダのアメルスフォートの芸術高等学校で7年間、芸

術，芸術セラピーを学び，芸術教育の分野で修士号の学位を取得した。

1973年から，彼は重度の知的障がいのある人々のためのセンターであるハルテンベルグで働いている。そのセンターは，オランダの大きなメンタルヘルスケアの組織である"s Heeren Loo Zorggroep"の一部である。彼は，ハルテンベルグセンターの作業療法部門の療法的スーパーバイザーの一人としてスタートした。

1979年から，彼は重度知的障がいのある人々に対する幅広いレクリエーション活動を始め，発展させた。

同僚とともに努力を重ね，彼は日中活動において最も大きなプロジェクトの1つを立ち上げた。これは，オランダ政府の全面的な支援を受けた先駆けであり，そして追加的な金融支援を受けた特別なプロジェクトである。

1980年から，彼はSnoezelen Worldwide（スヌーズレン・ワールドワイド）の会議における組織者と主なスポークスマンを担当してきた。1983年には，ハルテンベルグセンターの日中活動の部長として活動した。彼はまた同センターで日中のスヌーズレンの特別なテーマを，英語とドイツ語で体系化している。2000年に，彼は同センターに新しい410平方メートルのスヌーズレンを含めた建物を計画し建設した。

現在，アド・フェアフールは上級経営アドバイザーとして活動し，特別なプロジェクトに対してアドバイスを行っている。

彼は，またこれまでドイツのベルリンにあるフンボルト大学リハビリテーション学部教授のクリスタ・マーテンスとともに緊密に仕事をしてきた。

クリスタ・マーテンスとアド・フェアフールは，2002年のISNA（国際スヌーズレン協会）の共同設立者である。

今，彼はISNA-MSE（www.isna-mse.org）のInternational Board（国際取締役）として活動している。今日ISNAは，世界40か国に会員がいて，世界中の20の大学と連携して研究を行っている。

# 監訳者・訳者紹介

監訳

**姉崎 弘**（あねざき・ひろし）

　学校法人西大和学園・大和大学教育学部教授。日本スヌーズレン総合研究所所長。筑波大学大学院修士課程教育研究科障害児教育専攻修了。その後，静岡県公立養護学校教諭，三重大学教育学部教授を経て現職。前国際スヌーズレン協会（ISNA）International Board。ISNA日本支部・全日本スヌーズレン研究会初代会長。

　2008年にドイツのフンボルト大学リハビリテーション学部教授のクリスタ・マーテンス博士の下に国費留学し，2009年にマーテンス博士の最初のスヌーズレンの著書を翻訳出版。さらに2012年に三重県でマーテンス博士の講演会を開催し，スヌーズレンの資格取得の必要性を痛感して2013年と2014年にマーテンス博士を講師に招聘し，わが国初となるスヌーズレンの国際資格セミナー（12日間）を主催し有資格者を誕生させる。国際スヌーズレン専門支援士（国際スヌーズレン追加資格）を取得。特別支援教育士スーパーバイザーおよび自閉症スペクトラム支援士（Expert）。

　近年，「スヌーズレン教育」の概念を提唱し，特別支援学校や通常学校に在籍する特別なニーズのある子どもに教室でスヌーズレンを教育に応用して活用することで，子どもをストレスから解放し安心感と満足感を導き，学習への集中力を高めることで，興味・関心や学習態度を育み，子どものもっている本来の能力を引き出す教育を探求している。学校の教室を「学習空間」としてばかりではなく，生活の質を高める「生活空間」としても見直し再構成することで，子どもの心身の調和のとれた発達を総合的に支援していく，子どもが「楽しい」と感じる「学校教育のあり方」を提言している。

　ホームページ http://www.snoezelen-research.jp

［主要著書・訳書］

『スヌーズレンの基礎理論と実際（第2版）――心を癒す多重感覚環境の世界』（クリスタ・マーテンス著）監訳，『特別支援教育（第3版）――一人一人のニーズに応じた教育の実現をめざして』単著，『特別支援学校における重度・重複障害児の教育（第2版）』単著（以上，大学教育出版），『スヌーズレンの基本的な理解――マーテンス博士の講演「世界のスヌーズレン」』編著（国際スヌーズレン協会日本支部），『保・幼・小・中・高校における発達障害のある子を支援する教育』単著，『特別支援教育とインクルーシブ教育――これからのわが国の教育のあり方を問う』単著（以上，ナカニシヤ出版），『新教育課程に基づく特別支援学級の新しい授業づくり――子どもの社会自立をめざして』編著（明治図書出版）他。

翻訳

**姉崎 弘**（あねざき・ひろし）

監訳を参照。

**大崎博史**（おおさき・ひろふみ）

独立行政法人　国立特別支援教育総合研究所主任研究員。ISNA日本支部・全日本スヌーズレン研究会副会長。日本認定心理士。

**正井千晶**（まさい・ちあき）

三重県津市一志中学校教諭。特別支援教育士。

**田村伊津子**（たむら・いつこ）

三重県伊勢市立御薗小学校特別支援学級担当教諭。

重度知的障がい者のここちよい時間と空間を創る
## スヌーズレンの世界

2015年7月25日　初版第1刷発行

著　者　　ヤン・フルセッヘ
　　　　　アド・フェアフール
監訳者　　姉崎 弘
発行者　　石井 昭男
発行所　　福村出版株式会社
〒113-0034　東京都文京区湯島2-14-11
電話　03-5812-9702　FAX　03-5812-9705
http://www.fukumura.co.jp

印刷　モリモト印刷株式会社
製本　協栄製本株式会社

©Hiroshi Anezaki 2015
Printed in Japan
ISBN978-4-571-12126-5
定価はカバーに表示してあります。
落丁本・乱丁本はお取替え致します。
本書の無断複写・転載・引用等を禁じます。

## 福村出版◆好評図書

**菅野 敦・橋本創一・小島道生 編著**
### ダウン症者とその家族でつくる豊かな生活
●成人期ダウン症者の理解とサポート実践プログラム
◎2,100円　ISBN978-4-571-12125-8 C1037

成人期に気をつけたい健康上の問題を解説し，心身共に充実した日々を送るための支援プログラムを多数紹介。

**橋本創一 他 編著**
### 知的・発達障害のある子のための「インクルーシブ保育」実践プログラム
●遊び活動から就学移行・療育支援まで
◎2,400円　ISBN978-4-571-12119-7 C3037

すぐに活用できる知的・発達障害児の保育事例集。集団保育から小学校の入学準備，療育支援まで扱っている。

**小山 望・太田俊己・加藤和成・河合高鋭 編著**
### インクルーシブ保育っていいね
●一人ひとりが大切にされる保育をめざして
◎2,200円　ISBN978-4-571-12121-0 C3037

障がいのある・なしに関係なく，すべての子どものニーズに応えるインクルーシブ保育の考え方と実践を述べる。

**石井正子 著**
### 障害のある子どものインクルージョンと保育システム
◎4,000円　ISBN978-4-571-12120-3 C3037

「障害のある子ども」のいる保育の場面で求められる専門性とは何か。「かかわり」という視点からの問題提起。

**冨永光昭 著**
### ハインリッヒ・ハンゼルマンにおける治療教育思想の研究
●スイス障害児教育の巨星の生涯とその思想
◎4,500円　ISBN978-4-571-12117-3 C3037

障害児教育の先駆者ハンゼルマンの思想を考究，実践の足跡を辿り特別ニーズ教育への新たな視点を提示する。

**梅永雄二 著**
### 障 害 者 心 理 学
●障害児者の特性理解と具体的支援方法
◎2,000円　ISBN978-4-571-12118-0 C3037

障害児者が青年期以降も自立した社会生活を営めるために必要な支援について，心理的アプローチから考察する。

**田中農夫男・木村 進 編著**
### ライフサイクルからよむ障害者の心理と支援
◎2,800円　ISBN978-4-571-12103-6 C3037

障害者のライフステージに即した心理を解説。生活者である障害者への支援とは何かを理解するための入門書。

◎価格は本体価格です。